RESTAURANTES
AL AIRE LIBRE

OPEN-AIR RESTAURANTS

H KLICZKOWSKI

RESTAURANTES
AL AIRE LIBRE

OPEN-AIR RESTAURANTS

Dedicado a mi amigo Luis Bril

H. A. K.

Dedicated to my friend Luis Bril

H. A. K.

Editor/**Editor: Paco Asensio**

Autora/**Author: María Sol Kliczkowski**

Textos/**Texts: Maria Sol Kliczkowski y/and Cristina Montes**

Ilustraciones/**Illustrations: Montse Bernal (montsina@hotmail.com)**

Corrección y edición/**Copyediting: Susana González**

Traducción al inglés/**English translation: Books Factory *Translations***

Documentación/**Research: Meritxell Fernández**

Dirección de arte/**Art Director: Mireia Casanovas Soley**

ISBN: 84-96048-20-9
D.L.: B-37.879-02

Diseño gráfico y maquetación/**Graphic designs and layout: Emma Termes Parera**

Proyecto editorial/**Editorial project**

LOFT Publications
Domènech, 7-9 2º 2ª
08012 Barcelona. España
Tel.: +34 932 183 099
Fax: +34 932 370 060
e-mail: loft@loftpublications.com
www.loftpublications.com

Impreso por/**Printed by:**
Gráficas Anman. Sabadell. España

Enero 2003/**January 2003**

Copyright para la edición internacional/**Copyright for the international edition:**
© H Kliczkowski-Onlybook, S.L.
La Fundición, 15. Polígono Industrial Santa Ana
28529 Rivas-Vaciamadrid. Madrid
Tel.: +34 91 666 50 01
Fax: +34 91 301 26 83
asppan@asppan.com
www.onlybook.com

En nuestra sociedad y en nuestro tiempo, los restaurantes se han convertido en aquellos lugares donde convergen las ganas de encontrarse, de conversar, de verse y de ser vistos, y donde se brinda la posibilidad de encontrarse privadamente en público. Estas características no son exclusivas de tales establecimientos; de hecho, se dan en muchos espacios públicos desde tiempos inmemoriales. Pero es precisamente en el marco de las comidas cuando se desarrollan gran parte de los ritos y las tradiciones en todas las culturas, así que no es de extrañar que se les conceda un valor particular.

Estos encuentros han ido evolucionando con el tiempo en nuestra sociedad y, de la casa del anfitrión, es decir, el espacio privado, se han desplazado a lugares públicos, donde se busca, además del hecho del propio encuentro, un entorno agradable, una cocina seductora o la comodidad del servicio que nuestra ajetreada actividad diaria tanto agradece.

El hecho de desplazarse para desayunar, almorzar o cenar refuerza el protagonis-

In our society and times, restaurants have become places where the desire to meet, converse, see oneself and been seen, converge. Moreover, they are places that offer the paradox of privacy in a public space. These characteristics, of course, are not exclusive to restaurants. In fact, they have been typical of many public spaces since ancient times. Nonetheless, it is precisely in the context of eating when a large part of the rituals and traditions of a culture unfold. It is, therefore, not surprising that our society assigns restaurants particular value.

These public-private encounters have been evolving over time. From the house of the host —that is, the private space— these rendezvous have moved to public spaces where, in addition to the encounter itself, we seek an agreeable setting, seductive cuisine, or the comfort of service, highly valued given the hectic nature of our daily lives.

The fact of breakfasting, lunching or dining out reinforces the importance of the spaces and environments chosen for each occasion. The epicurean pleasure of partaking in fine food or wine is thus tied to the space in which the event

Bestial

mo de estos espacios y ambientes que elegimos para cada ocasión. El placer epicúreo de la buena comida o del buen vino se liga entonces al del espacio que lo acompaña. Todos los sentidos se ponen a prueba en un mismo momento al reunirse sabores, olores, sonidos, colores, formas, texturas… Cobra así una gran importancia este espacio en el que se desarrollará el ágape, y en la variación de los lugares estará parte del secreto de su atractivo.

Este entorno se hace aún más explícito cuando se busca en los restaurantes la relación con el medio exterior, ya sea disfrutando del buen tiempo al aire libre o participando de él visualmente desde el interior. Los arquitectos deben tener en cuenta otro argumento primordial a la hora de diseñar el proyecto, ya que el espacio exterior resulta un atractivo de peso para el comensal. Por otro lado, en el diseño de los interiores es donde los profesionales cumplen una función esencial, ya que de ellos dependerá el ambiente que se cree: desde gestos sutiles y minimalistas hasta las recargadas mezclas de estilos. En este sentido, su habilidad se demostrará en la distribución de los espacios, en las pro-

Tahini Sushi

takes place. All of the senses are put to the test in the moment in which tastes, smells, sounds, colors, forms, textures, etc. come together.

The space in which, so to speak, the feast is held assumes great importance. In turn, variegation of place becomes part of the secret of attraction.

Setting is an even more significant factor where relation with the exterior, whether in the form of enjoying good weather in the open air or participating visually in the natural setting from the interior, is sought. With respect to the project design, architects must then have in mind an additional, but no less important, premise given the fact that the exterior space will assume a key role in the dining experience. At the same time, interior designers play an essential role since the environmental character of a particular interior —from one of subtle, minimalist gesture to one of elaborate stylistic mix— depends on them. Their skill will be manifest in the quality of spatial arrangement, proportions, illumination, or in the selection of materials or furniture.

porciones, en la iluminación o en la selección de materiales o del mobiliario.

En este libro se recoge una excelente muestra de proyectos de restaurantes cuya premisa es privilegiar el entorno exterior. Factor fundamental a la hora de concebir las terrazas lo constituye el clima de la zona y en función de este parámetro se concede mayor o menor importancia a las terrazas, que son más amplias –como la del restaurante Bestial en Barcelona o la del restaurante Tahini en Palma de Mallorca, ambos en España, país que disfruta de temperaturas agradables– o de menores dimensiones, como la del Café Crème en París (Francia), muestra de la expresión contemplativa de las terrazas en esta ciudad. No obstante, también se aprovechan las vistas o el entorno natural en aquellos lugares en que las condiciones meteorológicas no son tan favorables como para disfrutar del aire libre. Es el caso del restaurante Adidas en Alemania, que se beneficia del entorno relacionándose con el exterior a través de paneles de cristal, de manera que la construcción se integra en el medio mientras que el edificio se incor-

Café Crème

In this book one finds an excellent representation of restaurant designs premised on privileging the exterior setting. With respect to the design of terraces, regional climate is a fundamental factor and limit determining the degree of significance attached to these spaces. Take for example the large size of the terrace at Bestial, in Barcelona, or the one at Tahini, in Palma de Mallorca. These ample terraces reflect the fact that both of these establishments are located in Spain, a country famous for its pleasant weather. On the other hand, the terrace at Café Crème, in Paris, is smaller and suggestive of the contemplative character of terraces in that city. Still, impressive views and the natural setting are also taken advantage of in places where meteorlogical conditions do not favor enjoyment of the outdoors. Such is the case of the Adidas, in Germany. Here, glass panels provide relation with the exterior in such a way that the construction adapts to the setting while at the same incorporating nature into its structure. Such double play is also characteristic of Ruccula, in Barcelona, and Bennelong and EQ, both in Australia. In these cases, transparency permits appreciation of the landscape, while protection from the elements and interior comforts are also provided for.

pora la naturaleza. Este doble juego se encuentra en restaurantes como el Ruccu-la (Barcelona), el Bennelong y el EQ, ambos en Australia. En estos casos, la transparencia permite admirar el paisaje mientras se está resguardado de la intemperie y acogido por las comodidades del interior.

Cada restaurante muestra una manera diferente de elaborar un proyecto de este tipo, pues cada situación se ha resuelto con un programa concreto. Así, los materiales que se utilizan están en función del emplazamiento o de la intención de concebir un espacio más preservado –como en el restaurante Nirvana en París, donde se utiliza vidrio y aluminio para dejar pasar la luz– o más abierto –como el Serpentine Gallery en Londres, donde las piezas de aluminio y madera contrachapada consiguen armar un espacio semidescubierto–. No hay reglas en la elección de materiales, y aunque la transparencia se utiliza con frecuencia en los restaurantes con terraza o con vistas, también están presentes la piedra, la madera o el revoque. La intención del proyectista se refleja en la calidez del ambiente cuando utiliza madera o en la

Each restaurant represents a different way of elaborating this sort of project. As such, each situation has been handled with a concrete design in mind. Materials are employed according to a restaurant´s location or the desire to create a more protected or more open space. An example of the first is Nirvana, located in Paris, where glass and aluminum facilitate passage of light. London´s Serpentine Gallery, on the other hand, utilizes aluminum pieces and plywood to create a semi-exposed space. There are no rules in the election of materials, and while the quality of transparency appears with frequency in restaurants with a terrace or views, stone, wood and plaster are also present. The materials employed reflect the designer´s intention. The use of wood, for example, gives rise to a cozy environment, while the election of aluminum or another metal transmits the purity of open space. Decoration, in turn, becomes responsible for granting the restaurant its style. This will depend on the particular character of the space. It will rest on whether the space lends itself to colors and fabrics that contrast or accentuate the building materials, whether the space calls for few elements that evoke more

Adidas Restaurant

pureza de los espacios diáfanos cuando elige aluminio y otro metal. La decoración del lugar será luego la encargada de dar estilo al restaurante, dependerá de cómo se vista este espacio, si con colores y tejidos que contrasten o acentúen los materiales de construcción, con escasos elementos evocadores de ambientes más minimalistas o mobiliarios coloniales o exóticos que recreen otras épocas u otros parajes.

Restaurantes al aire libre recoge una muestra de establecimientos de diversos lugares del mundo que de alguna manera se relacionan con el exterior, ya sea creando un espacio al aire libre o por las vistas que ofrecen. La selección de obras de este libro ha tenido en cuenta su reciente construcción, su particular diseño y sus soluciones arquitectónicas; además, da cita a reconocidos nombres de la arquitectura contemporánea y ofrece la oportunidad de descubrir otros nuevos.

El libro se ha organizado en tres partes, según la situación y el concepto de cada edificio; por un lado, aquellos restaurantes

Rúccula

minimalist environments or colonial or exotic furniture that recalls other periods and places.

Open-air Restaurants presents a collection of restaurants from around the world. In some fashion, be it through the creation of an open-air space or through the views that the establishment offers, they possess a relationship with the exterior. The selection of works for this book takes into account the recent construction of the establishment, its particular design, and the architectural solutions applied therein. Place has also been given to familiar names in contemporary architecture without, however, sacrificing the opportunity to discover new ones.

The book is organized in three parts, according to the location and conceptual character of each edifice: 1) restaurants located close to the water or where water holds special interest; 2) restaurants situated in a green or rural setting, and 3) restaurants located in an urban setting. The majority of the examples fall into the third category, the city being the setting wherein persons most frequently meet for lunch or dinner. The projects compiled in this book cover the diverse contemporary designs and solutions required by restaurants with open-air

que se encuentran cerca del agua o donde el agua tiene especial interés; en segundo lugar, aquellos que están situados en un entorno verde o campestre, y finalmente, aquellos ubicados en un medio urbano, mayoritarios ya que es donde más fácilmente se reúne la gente para comer o cenar. Con los proyectos que se dan cita en este libro se hace un recorrido por los diversos diseños y soluciones que requiere actualmente un restaurante al aire libre o con vistas. El itinerario es un viaje a ambientes públicos muy variados que permiten establecer encuentros privados donde se producen todo tipo de situaciones, desde las más relevantes hasta las más intrascendentes. Sin embargo, el marco de estos encuentros es fundamental; este libro ofrece la oportunidad de recrear la imaginación y deleita con los sorprendentes diseños de estos restaurantes espiando de alguna manera espacios escondidos en ciudades lejanas.

Los propios proyectos se encargarán de invitar al lector espectador a apreciar sus cualidades.

spaces or vistas. Its itinerary is a tour of highly varied public environments that allow for private encounters whose character may range from the most relevant to the most trivial. The framework of these meetings, however, is fundamental. This book offers the reader the opportunity of imaginative stimulation by and delight in these striking restaurant designs, opening the door to hidden places in distant cities.

Finally, the projects stand on their own, inviting the reader-spectator to appreciate the virtues they possess.

Guillaume at Bennelong Restaurant

RESTAURANTES JUNTO AL AGUA WATERFRONT RESTAURANTS

Este restaurante, situado en la Vila Olímpica de Barcelona, reúne el trabajo de varios diseñadores y artistas. Los arquitectos Josep Martorell, Oriol Bohigas y David Mackay fueron los encargados de proyectar un edificio cuyos requerimientos funcionales exigían gran flexibilidad y adaptación al entorno.

Una de las principales consignas del proyecto era resaltar el lago artificial con la terraza que lo bordea y se exhibe como centro y atractivo del local. Una obra de Xavier Mariscal, que puede ser apreciada tanto desde el nivel superior como desde el interior o desde toda la terraza, preside el estanque. Los diferentes espacios quedaron definidos entonces con una sala más íntima en el interior, un segundo nivel exterior, la espectacular terraza y una cocina. El equipo de interioristas encabezado por Sandra y Joaquín López de Lamadrid realzó el protagonismo del lago con un gran ventanal que integra magníficamente los espacios, enfatizando el nombre que se ha dado al restaurante: Anfiteatro. El cerramiento frontal y las puertas laterales se concibieron en aluminio y cristal, lo que permite una gran transparencia y luminosidad dentro del edificio.

En cuanto al mobiliario, se dispusieron unas lámparas de hierro oxidado y encerado con pantallas de pergamino diseñadas por Darío Aguilar; los taburetes de la barra del interior, con asientos de piel lisa marrón, son también de hierro. Las sillas, de estructura de hierro y respaldo y asiento de ratán, fueron diseñadas por Óscar Tusquets y aportan gran elegancia al ambiente. Las mesas tienen un tablero de madera noble marrón oscuro y pie de hierro negro antracita que juegan con la claridad luminosa del lugar.

El restaurante queda conformado por la gran terraza en anfiteatro cuyas gradas acentúan esta apariencia, y se enmarca en un amplio espacio de tupida vegetación. La abertura de esta zona al aire libre exalta sus cualidades ya que se encuentra cerca del mar y alejada, aunque en la misma ciudad, del bullicio.

Anfiteatro

This restaurant situated in the Olympic village of Barcelona unites the work of various designers and artists. Architects Josep Martorell, Oriol Bohigas and David Mackay were in charge of designing a building whose functional requirements demanded great flexibility and adaptability to the setting.

One of the main requirements of the project was to highlight the artificial lake with the terrace that borders it and appears as the centerpiece of the locale. Presiding over the lake is a work by Xavier Mariscal, which may be appreciated from the upper level, the interior or from the entire terrace. The different spaces then consist of a more intimate interior dining room, a second exterior level, the spectacular terrace and a kitchen. The interior design team headed by Sandra and Joaquín López highlighted the prominence of the lake with a large window that magnificently integrates the exterior and interior spaces, thus placing emphasis on the name of the restaurant: Anfiteatro (or Amphitheatre). The front enclosure and the side doors are aluminum and glass. This affords considerable transparency and brightness to the building interior.

The furniture arrangement includes rusted-iron lamps with parchment shades designed by Darío Aguilar. Interior bar stools with smooth brown-leather seats are also of iron. Óscar Tusquets designed the chairs, of iron structure and ratan backing and cushioning, which contribute much elegance to the setting. The tables have a dark-brown fine wood tabletop and anthracite-black iron legs that are at play with the luminous clarity of the space.

The large terrace in the form of an amphitheatre, the steps of which accentuate this appearance, spatially organizes the restaurant. Dense vegetation encloses the space. The openness of this area to the outside exalts its virtues given the proximity of the sea and the distance from the bustle of city in which, nonetheless, the restaurant is found.

Arquitectos: J. Martorell, O. Bohigas, D. Mackay,
O. Capdevila, F. Gual (MBM Arquitectos)
Colaboradores: Sandra y Joaquín Dualde López
de Lamadrid (interioristas), Darío Aguilar
(artesanía en hierro)
Fotógrafo: Roger Casas
Ubicación: Barcelona, España
Fecha de construcción: 2000
Superficie: 1.264 m²

Architects: J. Martorell, O. Bohigas, D. Mackay,
O. Capdevila, F. Gual (MBM Arquitectos)
Collaborators: Sandra y Joaquín Dualde López
de Lamadrid (interior designers), Darío Aguilar
(ironwork craftsmanship)
Photographer: Roger Casas
Location: Barcelona, Spain
Completion date: 2000
Floor space: 13,591 sq. ft.

El juego teatral se produce tanto desde el exterior como desde el interior del restaurante, y contribuyen a ello la disposición de las mesas alrededor del lago.

Theatrical play arises from both the exterior and interior of the restaurant. The arrangement of the tables around the lake contributes to this activity.

La decoración interior sigue unas líneas de gran pureza y sencillez; muebles oscuros contrastan con paredes blancas atenuadas por la elegancia de las lámparas.

The interior design follows very pure and simple lines. Dark furniture contrasts with white walls that are minimized by the elegance of the lamps.

El proyecto del puerto de Alicante requería el diseño de un muelle sobre el cual se erigiese una pequeña edificación destinada a un quisco y a una marquesina para los pasajeos. El arquitecto Javier García Solera quiso aprovechar el trazado del muelle de embarque para crear un espacio público que se disfrute por sí mismo y ampliar su funcionalidad con la construcción de este café restaurante diseñado como si se tratara de un barco y que saluda a quienes llegan al puerto.

La propuesta es un muelle asimétrico en el que se incorporó una estructura fabricada con vigas de metal y que se cerró con cristal y aluminio. El conjunto se eleva lo mínimo posible buscando la horizontalidad para respetar la visión portuaria y su única verticalidad se confunde entre los mástiles de vela de los barcos. Los materiales utilizados, como el metal y la madera, se adaptan al entorno de la industria naval, que implanta la sencillez de las líneas rectas y de los materiales puros.

La edificación juega con los límites del interior con el exterior, las fronteras entre mar y tierra se confunden y este diálogo se percibe en las luces y sombras así como en la calidez de la madera y la sobriedad del mobiliario de metal. La transparencia de los ventanales también permite resguardarse del viento manteniendo intactas las asombrosas vistas que se aprecian desde el interior. La pérgola metálica que vuela sobre el agua permite que la luz natural se filtre en el interior dando lugar a un sutil dibujo de luces y sombras que acompaña las líneas de la tarima de madera y de los bancos metálicos. La parte del volumen que queda visualmente abierta a la dársena se sostiene con una estructura de vigas metálicas en L.

El conjunto mantiene una armonía estética con el entorno marítimo abriéndose al mar y cubriendo con paramentos metálicos el acceso de la ciudad con un resultado de gran pureza arquitectónica.

Noray Café-Bar

The project for the port of Alicante involved designing a pier and erecting a small building on it for a kiosk and shaded passenger-waiting area. Architect Javier García Solera wanted to take advantage of the docking pier to create a public space that could be enjoyed on its own terms. This was done by enhancing the functionality of the pier through the construction of a cafe-restaurant. The establishment, situated in a way that greets arrivals to the port, was designed in the form of a ship.

The design is an asymmetric pier that incorporates a metal-beam structure enclosed in aluminum and glass. The whole is elevated as a little as possible. A horizontal positioning is sought to maintain the view of the port. The sole vertical positioning blends with the sailboat masts. Materials such as metal and wood fit in with the ship industry setting, defined by the simplicity of straight lines and pure materials.

The construction flirts with interior and exterior limits. Frontiers between sea and land mingle. Interior lights and shadows, along with the warmth of the wood and the sobriety of the metal furniture, reflect this dialogue. Transparent windows guard against the wind while keeping striking views from the interior intact. The metal pergola suspended over the water permits natural light to filter into the interior. This gives rise to a subtle pattern of light and shadow that complements the lines of the wood floorboards and metal benches. A structure of L–Shaped metal beams supports the part of the volume that remains visually open to the dock.

The project maintains aesthetic harmony with the maritime setting. It is oriented toward the sea and the access to the city is adorned with metallic ornamental coverings. The result is a notable architectural purity.

Arquitecto: Javier García-Solera Vera

Colaboradores: Déborah Domingo, Marcos
Gallud (aparejador), Juan A. García-Solera
(estructura)

Fotógrafo: Duccio Malagamba

Ubicación: Alicante, España

Fecha de construcción:1997-2000

Superficie: 150 m²

Architect: Javier García-Solera Vera

Collaborators: Déborah Domingo, Marcos
Gallud (master builder), Juan A. García-Solera
(structure)

Photographer: Duccio Malagamba

Location: Alicante, Spain

Completion date: 1997-2000

Floor space: 1,612 sq. ft.

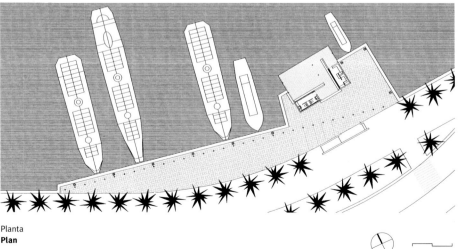

Planta
Plan

0　4　8

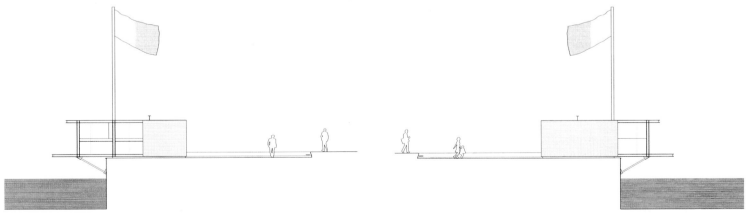

Secciones transversales
Cross-sections

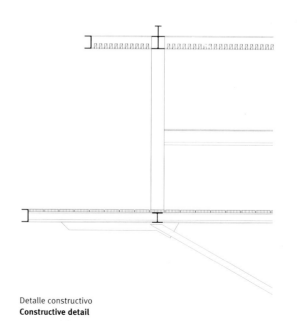

Detalle constructivo
Constructive detail

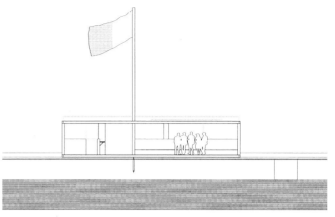

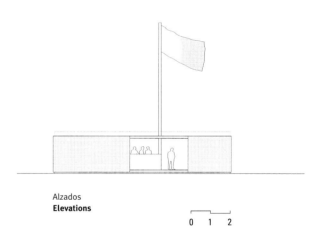

Alzados
Elevations

0   1   2

Las soluciones arquitectónicas
se diseñaron especialmente
para que el conjunto del proyecto mantuviera su perfil de
líneas sencillas y puras.

**In the choice of arquitectural
solutions throughout the project, pure and simple lines
were given prominence.**

El mobiliario en metal se combina con la calidez del suelo de madera.

The metal furniture combines with the warmth of the wood floor.

Este restaurante forma parte del edificio Adidas y está situado en una finca que había labergado antiguos cuarteles del ejército. El espacio se ha ido transformando y ha ido incorporando áreas residenciales. El estudio de arquitectura Kauffmann Theilig & Partner quería organizar el espacio del restaurante como un diálogo del interior con el exterior vinculando la construcción con el entorno natural del paisaje.

Aunque el restaurante está situado muy próximo a las oficinas de Adidas, la intención era alejarlo para que los usuarios de la empresa tuvieran la impresión de estar en el bosque en los momentos de recreo que interrumpen la rutina del trabajo. El proyecto pretende destacar la naturaleza del paisaje con los materiales utilizados y con la armonización del edificio con el medio natural; para ello se llevó a cabo una ampliación del lago como parte del concepto paisajístico.

Alrededor del lago se han construido varias terrazas que se integran en el restaurante mediante paneles de cristal con armadura metálica. La estructura del tejado se compone de varias vigas metálicas con planchas de madera que sobrevuelan las terrazas y que se afianzan al suelo gracias a columnas de acero cilíndricas. Con el fin de reforzar los elementos estructurales se transfiere la carga a los pilares de cemento por medio de vigas maestras.

La estructura organiza el espacio interior creando diferentes atmósferas que acompañan las irregularidades del terreno y que se acentúan con la utilización de materiales distintos para el suelo: piedra en algunas zonas y madera en otras. Se provoca entonces el encuentro de varios niveles solucionados constructivamente con rampas y escaleras. La ventilación del edificio es natural a través de las ventanas y por un sistema de conducción soterrado por donde también pasa la calefacción. El clima del interior está influenciado por factores naturales que reducen al mínimo el consumo energético, a lo que contribuye el uso de la energía solar.

El mobiliario es sencillo, amplias mesas y sillas diseñadas por Arne Jacobsen que aportan líneas curvas y una pincelada de color al ambiente de líneas rectas y tonalidades claras. El proyecto consigue integrar el restaurante en un entorno donde prevalece la naturaleza, e incorporar ese espacio exterior a través de la transparencia de los ventanales.

Adidas Restaurant

This restaurant is part of the Adidas building and is situated on land where there used to be an old army barracks. The plot has undergone transformations and residential areas have been incorporated into it. Kauffmann Theilig & Partner architecture studio sought to organize the space of the restaurant, as a dialog of the interior with the exterior of the building, while at the same time incorporating the construction into the natural environment of the landscape.

Although the restaurant is situated very close to the Adidas offices, the idea was to move it back a bit so as to create the sensation of being in a forest, for the moments of relaxation away from the the work routine. The project attempts to highlight the nature of the landscape, by means of the materials used and the harmony of the building in its natural environment. For this reason, the lake was enlarged as part of the landscape concept.

Around the lake several terraces were projected which are integrated into the design of the restaurant, by means of glass panels reinforced with metal. The roof covering the terrace consists of metal beams with sheets of wood attached. It is anchored to the ground with cylindrical steel columns. In order to strengthen the structural elements, master beams transfer the weight onto cement pillars.

By creating different atmospheres that follow the irregularities of the terrain, the structure organizes the interior space. This is accentuated by the use of different materials for the flooring; stone in some zones and wood in others. Where different levels meet, these are resolved by means of stairs and ramps. The building is naturally ventilated by means of windows and by underground vents, where the heating also comes from. The interior climate is influenced by natural factors which reduce energy consumption. The use of solar energy also contributes to this reduction.

The furniture is simple. It consists of broad tables and chairs designed by Arne Jacobsen, which afford curved lines and a stroke of color to an atmosphere of straight lines and light, color tones. The project manages to integrate the restaurant into surroundings where nature predominates, and succeeds in incorporating this exterior space by means of the transparency of the large windows.

Arquitectos: Kauffmann Theilig & Partner

Colaboradores: Pfefferkorn & Partner Beratende
Bauingenieure (ingeniería estructural), Ebert-
Ingenieure (ingeniería eléctrica y mecánica),
GTL Gnüchtel-Triebswetter
Landschaftsarchitekten (paisajismo)

Fotógrafo: Roland Halbe

Ubicación: Herzongenaurach, Alemania

Fecha de construcción: 1998-1999

Superficie: 635 m²

Architects: Kauffmann Theilig & Partner

Collaborators: Pfefferkorn & Partner Beratende
Bauingenieure (structural engineering), Ebert-
Ingenieure (electrical and mechanical engineering),
GTL Gnüchtel-Triebswetter
Landschaftsarchitekten (landscaping)

Photographer: Roland Halbe

Location: Herzongenaurach, Germany

Completion date: 1998-1999

Floor space: 6,827 sq. ft.

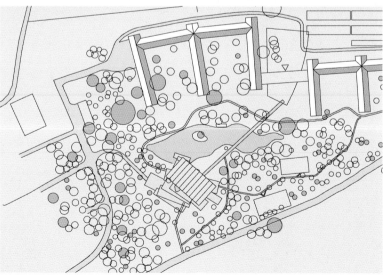

Planta de situación
Situation plan

0   5   10

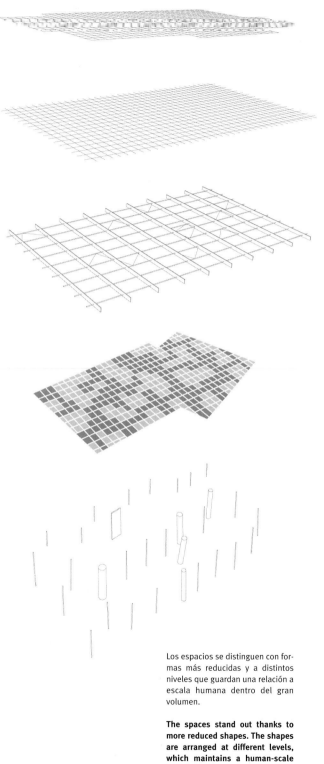

Los espacios se distinguen con formas más reducidas y a distintos
niveles que guardan una relación a
escala humana dentro del gran
volumen.

**The spaces stand out thanks to
more reduced shapes. The shapes
are arranged at different levels,
which maintains a human-scale
relation within the large volume.**

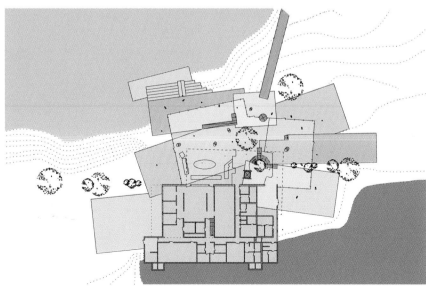

Planta baja
Ground floor

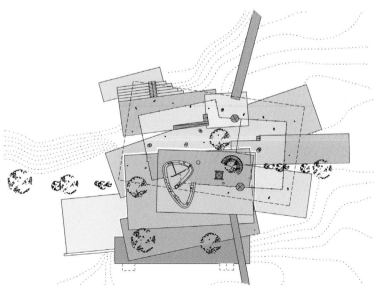

Primer piso
First floor

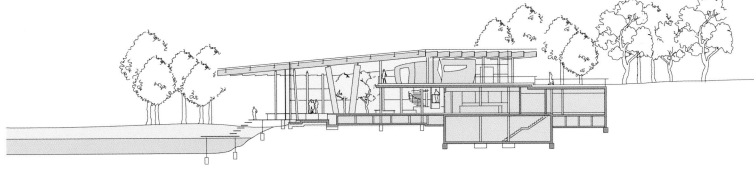

Sección
Section

0 1 2

En el interior, la luz se filtra desde todos los ángulos: el tejado y los laterales son acristalados.

In the interior, the light is filtered from many angles. The roof and the side walls are covered with glass.

Para restringir el paso de la luz se han utilizado paneles opacos que no alteran la estética estructural del edificio.

To reduce the passage of light, opaque panels, which do not alter the structural aesthetics of the building, were used.

Con la imponente estructura de la Sydney Opera House colándose por las ventanas y el mar y la ciudad a sus pies, el bar restaurante Cruise ofrece al visitante algo más que exquisitos manjares. Proyectado por el arquitecto Mark Landini en una de las zonas privilegiadas de la bahía de Sydney, el establecimiento se erige como uno de los más vanguardistas de la ciudad.

Una arquitectura racionalista y depurada es el telón de fondo de unos interiores tan atractivos como funcionales y modernos. El espacio se ha organizado en diferentes niveles y cada uno de ellos se ha destinado a una función. El nivel inferior acoge el bar, y en el piso superior se ha ubicado el restaurante. Ambas áreas actúan como galerías abiertas al exterior. Los espacios se distinguen por estar dominados por una exquisita sobriedad tanto formal como cromática y decorativa. Esa cohesión, lejos de uniformar las zonas, les otorga una personalidad única. La singularidad del entorno –idílico y con identidad propia– ha influido a la hora de dibujar los interiores: aerodinámicos, simples y en los que impera el aséptico blanco.

Concebido como un gran cubo níveo, el bar se ha proyectado con ingenio y raciocinio. En él la luz, el vidrio, las superficies pulidas, la fluidez y continuidad espacial son los protagonistas. Desde la barra hasta los taburetes, pasando por las altas mesas o el suelo, todo es llamativamente blanco. Los paneles de vidrio sujetados por perfiles de acero que se utilizan en una de las fachadas no hacen más que reforzar esa idea de transparencia que recorre la zona. Por otra parte, en el techo se ha optado por láminas de plástico extendidas que simulan olas ligeramente agitadas por la brisa, solución que refuerza la importancia concedida al entorno a la hora de diseñar los interiores.

Una escalera de sólida estructura que parece emerger del suelo conduce al restaurante. La estricta y sorprendente paleta blanca del piso inferior se convierte aquí en un pálido gris, color que recuerda a los barcos de la armada. Estas generosas superficies grises absorben la áspera luz natural del exterior. Tanto las texturas como los colores o la iluminación empleada en este espacio, hábilmente resuelto, son refinados y brillantes.

Cruise Bar & Restaurant

With the imposing figure of the Sydney Opera House looming in its windows and the sea and city at its feet, Cruise Bar Restaurant offers the visitor something more than just gastronomic delights. Designed by architect Mark Landini in a privileged zone of the bay of Sydney, the establishment is among the most cutting-edge in the city.

A rational and refined architectural style is the backdrop for interiors as attractive as they are functional and modern. The space is organized in different levels, each of which has been granted a specific function. The bar is on the bottom floor, while the upper level contains the restaurant. Both areas function as galleries that open to the exterior. An exquisite sobriety, formal as well as chromatic and decorative, dominates and thus distinguishes the spaces. Such cohesion, far from unifying the zones, grants them a unique personality. The singularity of the setting –idyllic with a character all its own– influenced the design of interiors: aerodynamic, simple spaces in which aseptic white reigns.

Conceived as a large snow-white cube, the bar has been designed with ingenuity and reason. Light, glass, polished surfaces, fluency and spatial continuity are its prominent features. From the counter to the booths to the raised tables and the floor, everything is strikingly white. In one of the facades, glass panels secured by steel frames reinforce the notion of transparency characteristic of the space. Moreover, the ceiling was fitted out with extended plastic sheets in the form of waves gently chopped by the breeze. This feature reinforces the importance of the setting with respect to the interior design.

A solid-structure stairway that appears to rise out of the floor leads to the restaurant. Here the strict and arresting white palette of the lower floor gives way to pale gray, a color reminiscent of a naval fleet. These generous surfaces absorb the raw natural light from the exterior. The textures, colors and lighting utilized in this space, all adeptly realized, are refined and bright.

Arquitectos: Landini Associates

Colaboradores: St. Hilliers Interiors

Fotógrafo: Ross Honeysett

Ubicación: Sydney, Australia

Fecha de construcción: 2002

Superficie: 880 m²

Architects: Landini Associates

Collaborators: St. Hilliers Interiors

Photographer: Ross Honeysett

Location: Sydney, Australia

Completion date: 2002

Floorspace: 9,462 sq. ft.

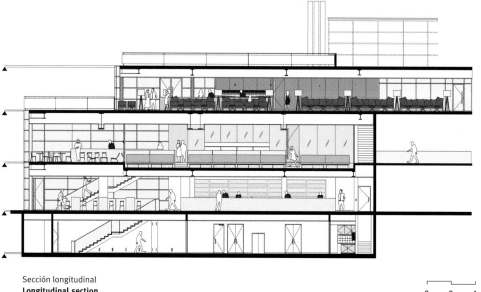

Sección longitudinal
Longitudinal section

0   2   4

Cruise es un local acogedor en el que además de disfrutar de las exquisiteces culinarias que se ofrecen, el visitante quedará impresionado por las increíbles vistas que lo atraparán desde cualquier rincón.

Cruise is a comfortable locale where, in addition to the exquisite cuisine, the visitor will be impressed by the incredible views that catch the eye from all corners.

Las piezas de mobiliario elegidas son reconocidos modelos de líneas ergonómicas y vanguardistas que destacan por su exquita sencillez. Como los cómodos bancos diseñados por Jasper Morrison que se encuentrna en el restaurate.

The selected furniture pieces are well-known models of ergonomic, cutting-edge form. They stand out for their exquisite simplicity. An example is the comfortable booths designed by Jasper Morrison.

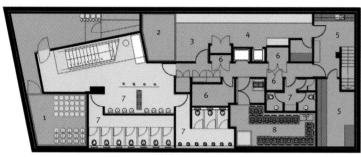

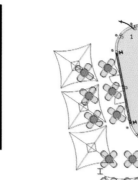

Planta baja

1. Bodega
2. Cámara
3. Almacén
4. Cocina
5. Oficinas
6. Instalaciones
7. Lavabos
8. Contenedores de basura

Ground floor

1. Cellar room
2. Cool room
3. Dry store
4. Kitchen
5. Office
6. Equipments
7. Toilets
8. Garbage room

0 2 4

Primer piso

1. Entrada
2. Terraza
3. Bar
4. Cocina
5. Lavabo

First floor

1. Entrance
2. Terrace
3. Bar
4. Kitchen
5. Toilets

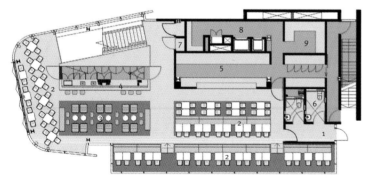

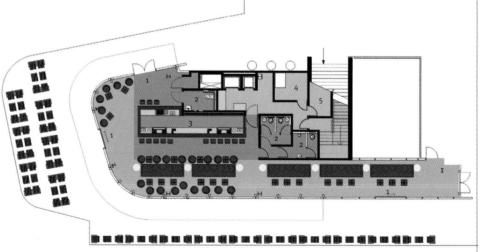

Segundo piso

1. Entrada
2. Comedor
3. Salón
4. Bar
5. Cocina
6. Lavabos
7. Guardarropa
8. Almacén
9. Lavavajillas

Second floor

1. Entrance
2. Dining
3. Lounge
4. Bar
5. Kitchen
6. Toilets
7. Cloakroom
8. Dry store
9. Wash up

Tercer piso

1. Entrada
2. Lavabo
3. Bar
4. Instalaciones
5. Almacén

Third floor

1. Entrance
2. Toilet
3. Bar
4. Equipment
5. Storage

Las soluciones constructivas y decorativas empleadas –siempre marcadas por la ubicación del establecimiento y su entorno– consiguen crear una atmósfera estéticamente atractiva y contemporánea y unos espacios funcionales y acogedores.

The location and setting of the establishment significantly influenced the choice of constructive and decorative solutions. These solutions create an aesthetically attractive, contemporary environment as well as functionally comfortable spaces.

Este restaurante se sitúa en un amplio y luminoso espacio junto al hotel Arts y a la escultura "Peix Daurat" de Frank O. Gehry, en Barcelona. Un lugar privilegiado a pie de playa en el que las interioristas Sandra Tarruella e Isabel López intervinieron con un proyecto cuyo objetivo primordial era potenciar la relación del restaurante con la playa y el mar,

Siguiendo este requerimiento del programa, se practicó una abertura en la fachada sudeste que permite disfrutar de las espléndidas vistas del emplazamiento. Una rampa de trazado recto facilita la comunicación con la terraza, que se distribuye en varios niveles pavimentados con madera que salvan los árboles del entorno. Paralelamente a la terraza, se encuentra un comedor de acusado desarrollo longitudinal amueblado con una gran mesa de madera maciza de iroko de doce metros de largo que se repite en el espacio interior y que responde a la voluntad de conseguir que el mayor número de personas disfrute de la proximidad de la luz natural y de las vistas.

El acceso principal está localizado en la fachada sudoeste, donde se encuentra un gran vitral obra del pintor Frederic Amat. Desde este punto se puede apreciar la división de las funciones de bar y restaurante —también requisito del programa—, reflejada en la volumetría constituida por dos espacios claramente diferenciados. El comedor se ha configurado en cuatro desniveles, a los que se accede mediante rampas o escaleras, lo que mejora la distribución de la sala y la relación con el exterior. El espacio destinado a bar es el resultado de la circunferencia descrita por la escalera exterior y que aparece reflejada en el falso techo.

El resultado de este proyecto es un moderno restaurante de especial diseño, cuya terraza potencia su carácter barcelonés y permite disfrutar del acceso de esta ciudad al Mediterráneo.

Bestial

This Barcelona restaurant is situated in an ample bright space next the Arts Hotel and the Frank Gehry sculpture "Peix Daurat". The locale sits in a privileged position at the edge of the beach. Interior designers Sandra Tarruella and Isabel López collaborated on a project whose primary objective was to enhance the relation of the restaurant with the beach and the sea.

In line with this design requirement, an opening was fitted out in the southeast façade to permit enjoyment of the splendid views that the location offers. A straight ramp facilitates communication with a multi-level terrace paved with wood that incorporates surrounding trees. Parallel to the terrace there is a dining room of marked longitudinal form. The space is furnished with a 12 meter-long solid iroko table. This furniture piece is repeated in the interior and is indicative of a desire to afford enjoyment of natural light and the nearby views to the maximum number of persons.

The main entrance is located in the southwest façade, also the site of a large stained-glass window by the painter Frederic Amat. From here one is able to appreciate the division of the bar and restaurant functions —also a program imperative— reflected in the combined volume of two clearly differentiated spaces. The dining room contains four levels accessed by ramps or stairs. This improves the distribution of the room and the relation with the exterior. Reflected in the false ceiling the bar area is the result of the circumference described by the exterior stairs.

The result of this project is a modern restaurant with a special design. The terrace strengthens its Barcelona character and highlights the access the city has to the Mediterranean Sea.

Arquitectos: Sandra Tarruella e Isabel López
(interiorismo), Bet Figueras (paisajismo)

Colaboradores: Raquel Cabrera, Antoine
Baertschi, Frederic Amat (pintor)

Fotógrafo: Roger Casas

Ubicación: Barcelona, España

Fecha de construcción: 2002

Architects: Sandra Tarruella e Isabel López
(interior design), Bet Figueras (landscaping)

Collaborators: Raquel Cabrera, Antoine
Baertschi, Frederic Amat (painter)

Photographer: Roger Casas

Location: Barcelona, Spain

Completion date: 2002

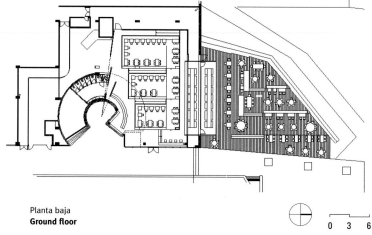

Planta baja
Ground floor

0 3 6

La iluminación interior responde al aire informal que se pretende imprimir a los comedores y al bar con la voluntad de enfatizar las cualidades volumétricas de la arquitectura interior.

Interior lighting reflects the informal atmosphere sought for the dining room and bar areas. The desire is to emphasize the volumetric characteristics of the interior architecture.

El mobiliario se ha resuelto con mesas Pey, diseñadas por Massana-Tremoleda, de diferentes tamaños y colores, y con sillas Catifa, de Liebore-Alther-Molina.

The furniture consists of Pey tables of various size and color designed by Massana-Tremoleda and Catifa chairs by Liebore-Alther-Molina.

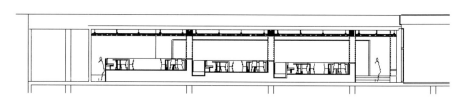

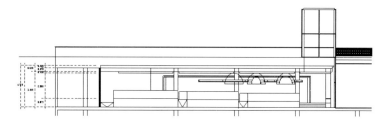

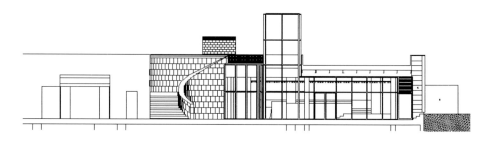

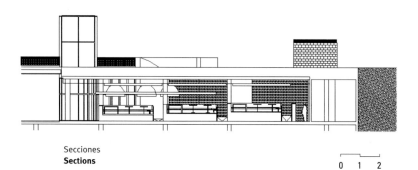

Secciones
Sections

0 1 2

Los tonos suaves del interior destacan con más fuerza las "bestias" dibujadas por Frederic Amat en las vidrieras de la fachada, que dan nombre al restaurante.

Soft interior tones allow the "beasts" drawn by Frederic Amat in the façade's stained-glass windows to stand out more forcefully. These "bestias" give the restaurant its name.

Abierto desde enero del 2000, el restaurante Mark's —situado dentro del hotel Nash— se encuentra ubicado en una construcción diseñada en 1935 por V. H. Nellenbogen, hoy rehabilitada.

El establecimiento se encuentra en el distrito Art-Déco, una de las zonas más bulliciosas y de mayor atractivo turístico de Miami, y su inauguración supuso el triunfal retorno de Mark Militello, uno de los chefs más prestigiosos del momento, que se puso a la cabeza de este exquisito y sofisticado local.

El restaurante dispone de una zona interior y otra exterior en la parte trasera del edificio, junto a las piscinas. Ambas se encuentran comunicadas gracias a unos ventanales con perfilería de acero y a una escalera que nace a los pies del restaurante cubierto y que conduce hasta la terraza. En el exterior se han dispuesto pocas mesas, a fin de lograr un ambiente más íntimo. Perfectamente integradas y organizadas formando una figura geométrica que se complementa con los trazos rectangulares de las tres piscinas simétricas, las mesas se han decorado acentuando una sobriedad que contrasta con la rica y cautivadora mezcla de fragancias (jazmín, cipreses, buganvillas…) que envuelve el lugar. Las sillas elegidas para completar el conjunto son igualmente discretas. Esa idea de austeridad está potenciada tanto por los tonos y los materiales empleados como por el revestimiento de piedra que cubre el suelo.

Entre la sencillez y una evocadora imagen clásica que discurre entre los insinuantes decorados de los filmes de James Bond y los lujosos camarotes de barco, los interiores también están bañados por una inquietante y sugerente calidez. Para conseguir homogeneidad se han dispuesto las mismas piezas de mobiliario que en el exterior. Justo debajo de las ventanas, a fin de aprovechar más el espacio, se ha instalado un cómodo banco con cojines que recorre toda la pared.

Una inspirada iluminación, que potencia la elegancia y discreción de los interiores, unos materiales cálidos (la madera reviste paredes y suelos) y una decoración contenida permiten que las exquisiteces culinarias creadas por la sabia y diestra mano de Mark Militello se conviertan en las verdaderas protagonistas del lugar.

Mark's Restaurant

Open since January 2000, Mark's in South Beach is located in the Nash Hotel. V. H. Nellenbogen designed, in 1935, the now renovated building that contains the restaurant.

The space is located in the Art Deco district, one of the busiest and most visited by tourists in Miami. The inauguration of the restaurant announced the triumphant return of Mark Militello, one of the most prestigious chefs at the moment, who took the reins of this exquisite, sophisticated and exclusive local.

The restaurant consists of an interior zone and an exterior area in the back part of the building, next to the pools. The areas are connected thanks to large steel-framed windows and a staircase going from the indoor restaurant to the terrace. Few tables are arranged outside so as to afford a more intimate atmosphere. The tables are perfectly integrated and organized into a geometric figure. The rectangular lines of the three symmetrical pools complement them. The tables were decorated with an emphasis on sobriety, which contrasts with the rich and captivating mixture of fragrances (jasmine, cypress, bougainvillea, etc.) enveloping the setting. The chairs chosen to complete the arrangement are, likewise, discreet. The tones and materials employed as much as the stone floor covering accentuate this air of austerity.

Between simplicity and an evocative classical image reminiscent of the titillating sets of James Bond films and the luxurious staterooms of a ship, the interiors are also imbued with suggestive, unsettling warmth. For the sake of homogeneity, the same furniture used in the exterior is used in the interior. To optimize the space, a comfortable bench with cushions runs the entire length of the wall.

The inspired lighting accentuates the elegance and discreetness of the interiors. Warm materials are used (wood to cover walls and floors) and the decoration is restrained. All of the aforementioned allows the culinary exquisiteness created by the wise, deft hand of Mark Militello to become the true protagonist here.

Arquitecto: Peter Page

Fotógrafo: Pep Escoda

Ubicación: Miami Beach, Florida, Estados Unidos

Fecha de construcción: 2000

Superficie: 410 m²

Architect: Peter Page

Photographer: Pep Escoda

Location: Miami Beach, Florida, US

Completion date: 2000

Floorspace: 4,400 sq. ft.

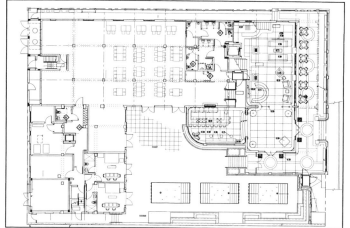

Planta
Plan

0   2   4

Junto a las tres piscinas –con agua mineral, agua salada y agua fría–, se disponen las mesas de la terraza. Un entorno envolvente y acogedor consigue una atmósfera relajada y sobria en la que disfrutar de apuestas culinarias deliciosas y contemporáneas.

The tables are arranged next to three pools: one with mineral water, one with salt water and one with cold water. Friendly, all-enveloping surroundings afford a sober and relaxed atmosphere where one may enjoy delicious, contemporary culinary delights.

A pesar de las diferencias, existe una marcada homogeneidad entre interior y exterior, conseguida por la elección de las tonalidades, las piezas decorativas y algunas texturas y materiales.

Notwithstanding the differences, there is a marked homogeneity between interior and exterior thanks to the choice of tones, decorative elements and some textures and materials.

Situado en la isla Bedarra, este restaurante forma parte de un conjunto de villas que ofrecen un servicio de hotel y se extienden a lo largo de la costa de la isla. El edificio central fue proyectado originariamente por la arquitecta Christina Vadez en 1987, inspirado en dos caracolas que se abren una frente a otra, un diseño totalmente innovador en la época en que fue concebido. Años más tarde, Pike Withers fue elegido para rediseñar el interior de los edificios centrales, además de rehabilitar la zona exterior. Una de las mayores dificultades fue que había que trasladar los materiales por barco hasta la isla.

Las cabañas se adaptaron al entorno, si bien con lujosos y confortables interiores especialmente planteados para disfrutar del medio paradisiaco en el que se encuentran. El arquitecto concibió los dos edificios circulares de manera que pudieran aprovecharse al máximo las vistas y el entorno arbolado.

La orientación del restaurante responde al deseo de deleitar a los huéspedes tanto con una selecta cocina como con unas magníficas vistas. A pesar de que desde el exterior se perciben unos sencillos techos de paja, los interiores se han cuidado en todos sus detalles. Para el mobiliario se han utilizado materiales nobles que conectan con el marco natural en el que se encuentran; el mimbre, la madera o la caña son los principales protagonistas. Las tonalidades de los tejidos también están particularmente seleccionados; se mueven entre grises, marrones y malva.

En el exterior también se puede comer disfrutando, con más proximidad, de las vistas y de la cercanía del agua; en esta zona los muebles y suelos son de madera de teca, que confiere calidez en contraposición a la espesura de la vegetación.

El arquitecto ha conseguido crear un gran efecto de contraste al emplear colores y elementos neutros en el interior y dar así más fuerza a la zona verde y a las espléndidas vistas de la isla.

Isla Bedarra

This restaurant is located on the Island of Bedarra. It is part of a set of villas that offer hotel service and extend all along the coast of the island. In 1987, Christina Vadez originally designed the main building. The inspiration was two snails that open up in front of each other. At the time this design was strikingly innovative. Some years later Pike Withers was chosen to redesign the interior of the main buildings and renovate the exterior area. The fact that the materials had to be transported to the island by boat was a major difficulty that had to be overcome.

The exterior cabins were adapted well to the environment whereas the interiors were luxuriously and comfortably equipped and specially fitted out to enjoy the surrounding paradise. The architect designed the two circular buildings so that maximum advantage could be taken of the views and wooded surroundings.

The orientation of the restaurant responds to the architect's wish to delight guests not only with the select cuisine, but also the magnificent views. Although from the outside one sees only simple thatched roofs, inside even the tiniest details have been taken into account. Rich materials that fit in well with the natural environment were selected for the furniture. Wicker, wood and bamboo predominate. The tones of the fabrics used are also specially selected, the most common being grays, browns and mauve.

Dining outside one enjoys even more the view and the closeness of the water. Here the floors and the furniture are made of teak, which affords warmth in contrast to the thickness of the vegetation.

In the interiors the architect created striking contrast through the use of neutral colors and elements. This gives more strength to the green area and the splendid views of the island.

Arquitectos: Pike Withers

~~Colaboradores: Edwina Withers, Amanda Pike,~~

Michelle Latham, Saffron Samuels, Michael

Wrighton + Associates

Fotógrafo: Russell Pell

Ubicación: Bedarra Island, Australia

Fecha de construcción: 2000

Superficie: 300 m²

Architects: Pike Withers

Collaborators: Edwina Withers, Amanda Pike,

Michelle Latham, Saffron Samuels, Michael

Wrighton + Associates

Photographer: Russell Pell

Location: Bedarra Island, Australia

Completion date: 2000

Floorspace: 3,225 sq. ft.

La comodidad de los interiores contrasta con un entorno de vegetación frondosa y aspecto silvestre, lo cual enfatiza aún más la importancia de la arquitectura de la edificación.

Interior comfort contrasts with the luxuriant vegetation and wilderness-like quality of the setting. This furthers accentuates the significance of the building architecture.

La disposición de las mesas del restaurante está estrechamente ligada a las vistas que se disfrutan desde cada una de ellas; la decoración es escasa, pero especialmente escogida para complacer estéticamente a un visitante que busca comodidad en un entorno paradisiaco.

The arrangement of tables in the restaurant is calculated so that one may enjoy a view from each table placement. The decoration, therefore, is sparse but specially selected to aesthetically please the patron looking for comfort in a paradise-like setting.

De los dos restaurantes que proyectó el arquitecto francés Jean Nouvel para la Exposición de Morat 2002, Le Restaurant, envuelto por una abrumadora y exultante naturaleza, en el más singular.

Esta construcción parasitaria ocupa la cubierta de otro edificio, parte de cuyas estructuras y volúmenes aprovecha, una particularidad que provocó que tuviera que proyectarse el espacio a partir de una serie de parámetros invariables. Todas estas singularidades, lejos de tornarse un inconveniente, fueron aprovechadas para lograr el espacio deseado, que se adaptó a las formas ya presentes.

Pese a las limitaciones, la construcción es rápida y relativamente sencilla de montar, de costes reducidos, ecológica –muchos de los materiales empleados son reciclables– y, sobre todo, imaginativa.

Para levantar la estructura se emplearon montantes metálicos y una lona impermeable –que puede manipularse– conforma el acabado. Una vez que este toldo se despliega aparecen puertas, ventanas y accesos, y lo que hasta el momento habían sido paredes, se convierten en prácticos toldos bajo los que resguardarse del sol.

El acceso se efectúa a través de una singular escalera fabricada con piezas metálicas que queda totalmente a la vista, lo que acentúa, todavía más, el carácter provisional de este restaurante.

También se ha prestado especial atención a la decoración del espacio. Se optó por un mobiliario funcional, discreto y de líneas actuales. De noche y en momentos en los que las condiciones atmosféricas son desfavorables, este mobiliario se guarda en el interior del local para evitar que se malogre.

Todas las soluciones y los recursos empleados consiguen que la sugerente arquitectura perecedera que ha ideado uno de los arquitectos contemporáneos de mayor prestigio se convierta en la verdadera protagonista del lugar, demostrando que el buen hacer arquitectónico no está reñido con la pragmática y que es posible concebir edificios imaginativos y eficaces sin presupuestos desmesurados.

Le Restaurant

Of the two restaurants designed by French architect Jean Nouvel for the Morat Exposition 2002, Le Restaurant, surrounded by exultant and imposing nature, is the more exceptional.

This parasite construction occupies the roof of another building and takes advantage of part of its structures and volumes. This peculiarity limited the design of the space to a set of invariable parameters. Far from becoming inconveniences, these exceptions were taken advantage of to achieve the desired space, which is adapted to the preexisting forms.

Despite these limitations the construction may be put up quickly and with relative ease. It is also of reduced cost and ecological in that most of the materials used are recyclable. But above all, it is imaginative.

Metal posts were used to raise the structure. An impermeable canvas that may be manipulated comprises the finish. Once the awning unfolds doors, windows and accesses appear. What until now had been walls convert into pragmatic awnings that provide protection from the sun.

Intriguing stairs consisting of metallic pieces that remain totally within view, provide access to the structure. This further accentuates the provisional character of the restaurant.

Close attention was also given to the decoration of the restaurant. Functional, discreet furniture of up-to-date line was opted for. At night and in the case of inclement weather, the furniture is brought inside to avoid ruin.

All the techniques and resources employed make the evocative quality of perishable architecture, as conceived by one of the most prestigious contemporary architects, into the true protagonist of the space. This proves that architectural expertise is not contradictory to pragmatism, and that it is possible to create imaginative and efficient buildings independent of an exorbitant budget.

Arquitecto: Architectures Jean Nouvel

Colaboradores: Desvigne & Dalnoky
(paisajismo), EMCH + Berger AG
(ingeniería civil)

Fotógrafo: Philippe Ruault

Ubicación: Morat, Suiza

Fecha de construcción: 2002

Architect: Architectures Jean Nouvel

Collaborators: Desvigne & Dalnoky
(landscaping), EMCH + Berger AG
(civil engineering)

Photographer: Philippe Ruault

Location: Morat, Switzerland

Completion date: 2002

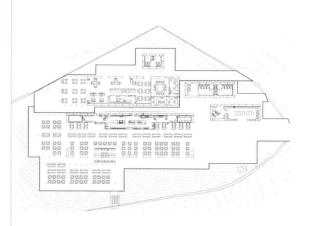

Planta
Plan

0   10   20

El hecho de que el restaurante aproveche la cubierta de otro edificio le otorga una situación privilegiada gracias a la cual disfruta de unas magníficas vistas panorámicas del entorno.

The fact that the restaurant sits on the roof of another building affords it a privileged position from which breathtaking panoramic views of the setting may be enjoyed.

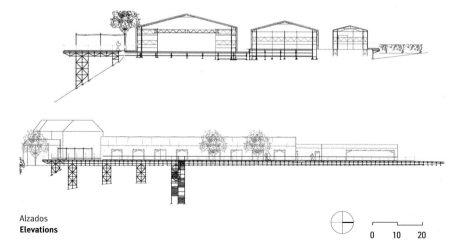

Alzados
Elevations

0   10   20

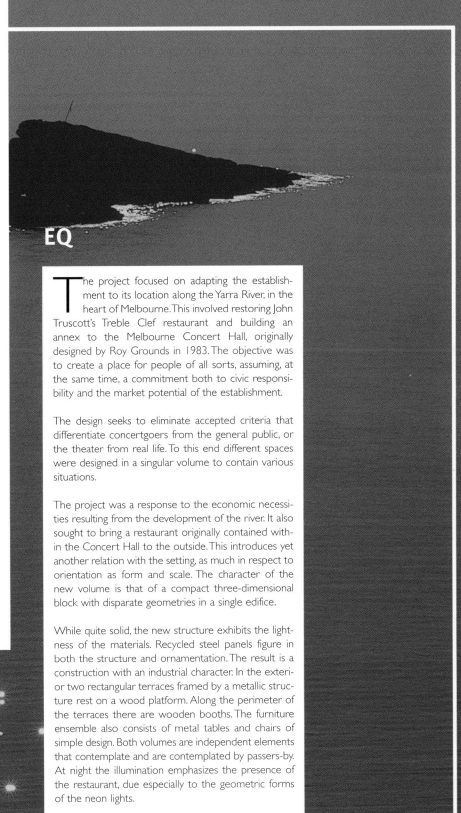

El proyecto de este restaurante requería la adaptación del establecimiento a su ubicación junto al río Yarra, en el centro de Melbourne. Se trataba de rehabilitar el restaurante Treble Clef de John Truscott y de construir un anexo al Melbourne Concert Hall, originariamente diseñado por Roy Grounds en 1983. La intención era concebir un lugar para todo tipo de gente al mismo tiempo que se adquiría un compromiso con la responsabilidad cívica y el potencial comercial de la implantación.

El conjunto intenta eliminar los tópicos según los cuales se diferenciara a los asistentes a conciertos del público general, o el teatro de la realidad. Con este fin se diseñaron diferentes espacios que dan lugar a varias situaciones en un mismo volumen.

Con este proyecto se pretendía responder a las necesidades económicas que crea el desarrollo del río, y llevar hacia el exterior un restaurante que originalmente estaba contenido en el Concert Hall. Se entabla así otra relación con el entorno, tanto por su orientación como por su forma y escala. El nuevo volumen se entiende como un bloque compacto de tres dimensiones, con geometrías dispares en un mismo edificio.

Aunque de gran solidez, la nueva estructura muestra la ligereza de los materiales utilizados. Los paneles de acero reciclado se combinan tanto en la estructura como en la ornamentación y el resultado es una construcción de aspecto industrial. En el exterior, las dos terrazas rectangulares están insertadas sobre una tarima de madera y enmarcadas por una estructura metálica. A modo de mobiliario se han dispuesto unos bancos de madera que acompañan el perímetro de las terrazas y unas mesas y sillas metálicas de gran sencillez. Ambos volúmenes están expuestos en el paseo como elementos independientes que contemplan y son contemplados por los transeúntes. De noche, la iluminación destaca la presencia del restaurante, especialmente gracias a las formas geométricas de las luces de neón.

EQ

The project focused on adapting the establishment to its location along the Yarra River, in the heart of Melbourne. This involved restoring John Truscott's Treble Clef restaurant and building an annex to the Melbourne Concert Hall, originally designed by Roy Grounds in 1983. The objective was to create a place for people of all sorts, assuming, at the same time, a commitment both to civic responsibility and the market potential of the establishment.

The design seeks to eliminate accepted criteria that differentiate concertgoers from the general public, or the theater from real life. To this end different spaces were designed in a singular volume to contain various situations.

The project was a response to the economic necessities resulting from the development of the river. It also sought to bring a restaurant originally contained within the Concert Hall to the outside. This introduces yet another relation with the setting, as much in respect to orientation as form and scale. The character of the new volume is that of a compact three-dimensional block with disparate geometries in a single edifice.

While quite solid, the new structure exhibits the lightness of the materials. Recycled steel panels figure in both the structure and ornamentation. The result is a construction with an industrial character. In the exterior two rectangular terraces framed by a metallic structure rest on a wood platform. Along the perimeter of the terraces there are wooden booths. The furniture ensemble also consists of metal tables and chairs of simple design. Both volumes are independent elements that contemplate and are contemplated by passers-by. At night the illumination emphasizes the presence of the restaurant, due especially to the geometric forms of the neon lights.

Arquitectos: NMBW Architecture Studio

Colaboradores: Connel Wagner (ingeniería
estructural), Bassett Consulting (instalaciones)

Fotógrafos: Lucinda McLean, Peter Bennetts,
Lyn Pool

Ubicación: Melbourne, Australia

Fecha de construcción: 2000-2001

Superficie: 405 m²

Architects: NMBW Architecture Studio

Collaborators: Connel Wagner (structural
engineering), Bassett Consulting
(utilities installation)

Photographer: Lucinda McLean, Peter Bennetts,
Lyn Pool

Location: Melbourne, Australia

Completion date: 2000-2001

Floorspace: 4,354 sq. ft.

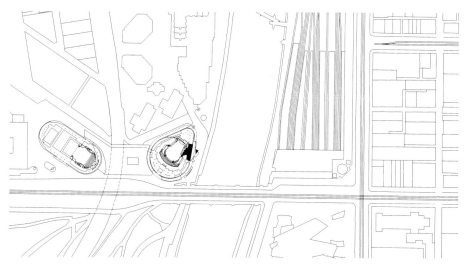

Planta de localización
Location plan

0   20   40

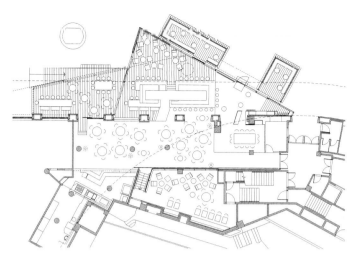

Planta baja
Ground floor

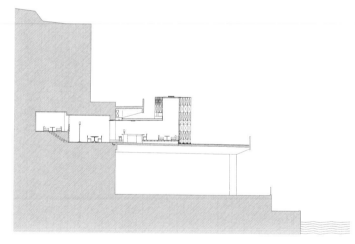

Sección transversal
Cross-section

El espacio se ha configurado
para que exista un juego
entre interior y exterior y para
que se creen diferentes ambientes interconectados.

**The space is arranged to cre-
ate interplay between the
interior and exterior, as well
as to create different inter-
connected environments.**

El mobiliario desempeña un enorme papel a la hora de dar personalidad a estas terrazas de gran carácter urbano.

The furniture plays a key role in providing personality to terraces with a markedly urban character.

Este restaurante se encuentra situado en el World Trade Center de Barcelona, una zona industrial que se ha visto reconvertida en zona de oficinas, favorecida por la nueva tendencia urbanística de abrir la ciudad de Barcelona al mar. La situación privilegiada de este edificio concede al restaurante unas magníficas vistas al puerto y al mar. El proyecto de remodelación de los arquitectos debía mantener la imagen preexistente del local y a la vez incorpora un bar, una zona de comidas informales y un comedor privado.

La zona principal del restaurante es un gran ventanal desde donde se puede disfrutar de la amplitud y tranquilidad visual que aporta el mar. Esta relación contemplativa con el exterior consigue que todo el restaurante se centre en este acceso al espacio exterior. La idea se acentúa con la iluminación natural que recibe desde el gran ventanal, y que se expande a lo largo de todo el local. Además, la disposición de las mesas toma como referencia la vista panorámica, por lo que la zona de bar se situó en un nivel más alto, desde donde se domina la entrada y la sala. Por otro lado, con el fin de responder a la demanda de la zona de la que se encuentra, se creó un espacio de comidas rápidas que se solucionó con una mesa-barra alta que por las noches también funciona como barra de bar. También se previó una sala privada cuyo espacio central se ha dejado libre para poder colocar las mesas según las necesidades del momento. Este espacio más íntimo se define a su vez con el mobiliario y la decoración: cortinas de seda y terciopelo, paneles de pan de aluminio para el muro, la original iluminación y un elegante mueble de apoyo.

Para cumplir con los requerimientos del proyecto se han utilizado los mismos materiales, texturas y colores que en el restaurante original y se incorporaron otros como el pan de aluminio o el cuero. Destacan los detalles decorativos y las obras de arte que enmarcan el diseño del restaurante en un estilo moderno y elegante.

El espacio invita a disfrutar de una cocina selecta al amparo de unas fabulosas vistas.

Ruccula

This restaurant is located in the World Trade Center of Barcelona, an industrial zone that, in keeping with the new urban tendency to open the city to the sea, has been transformed into an office area. The privileged position of this building provides the restaurant with magnificent views of the port and sea. The renovation needed to preserve the preexisting character of the locale while incorporating a bar and snack area and adding a private dining room.

The main room of the restaurant acts as a large window from which one may enjoy the visual breadth and tranquility supplied by the sea. The resulting contemplative relation with the exterior causes the entire restaurant to become centered on this visual access. Natural light that enters through the large window and fills the entire space accentuates this play. In addition, the placement of the tables takes as a reference point the panoramic view. For this reason the bar area is situated at a higher level. Viewed from it the entrance and dining room stand out. In response to the business-zone location of the space, a fast-food area was created. This area consists of a high table-bar, which at night also functions as a bar counter. The center of the private dining area has been left unencumbered so as to be able to arrange tables at the spur of the moment. This more intimate space stands out for its furniture and decoration: silk and velvet curtains, aluminum foil for the wall and an original lighting.

In line with the design requirements, the same materials, textures and colors utilized in the original restaurant were employed. Others such as the aluminum foil and leather were incorporated into the space. Decorative details and artwork that frame the restaurant design in a modern, elegant style stand out.

The locale invites enjoyment of select cuisine in a space where the diner may also delight in the fabulous views.

Arquitectos: ZIG-ZAG Interiors, David Boldú,
Jorge Fuentes

Colaboradores: Sergi Barquet (aparejador), Toni Prat
(interiorista)

Fotógrafo: Pepe Ruz

Ubicación: Barcelona, España

Fecha de construcción: 2002

Superficie: 800 m²

Architects: ZIG-ZAG Interiors, David Boldú,
Jorge Fuentes

Collaborators: Sergi Barquet (master builder),
Toni Prat (interior designer)

Photographer: Pepe Ruz

Location: Barcelona, Spain

Completion date: 2002

Floor space: 8,600 sq. ft.

El mobiliario se ha cuidado especialmente, y aunque se ha tratado con gran sobriedad, destacan ciertos elementos como las originales lámparas de pie que iluminan el interior.

Special attention was given to the furniture. While handled with restraint, elements such as the original foot lamps that light the interior stand out.

El espacio se ha dispuesto de manera tal que se pueda disfrutar de la luz natural que entra por el gran ventanal.

The space has been organized in way that allows enjoyment of the natural light entering through the large window.

Desde las mesas se pueden apreciar las magníficas vistas convirtiendo el exterior en parte del restaurante y permitiendo olvidar el límite del cristal que las separa.

From the tables one is able to appreciate the magnificent views. This converts the exterior into a part of the restaurant and creates the illusion that the separating glass is not there.

1. Entrada	**1. Entrance**
2. Recepción	**2. Reception**
3. Guardarropía	**3. Cloakroom**
4. Bar	**4. Bar**
5. Barra alta	**5. Mezzanine Bar**
6. Privado	**6. Private Room**
7. Office	**7. Office**
8. Acceso baños	**8. Access to bathrooms**
9. Aseo minusválidos	**9. Bathroom for the disabled**
10. Sala	**10. Sitting room**
11. Sofá	**11. Sofa**
12. Barra	**12. Bar**
13. Cocinas	**13. Kitchens**
14. Salida de emergencia	**14. Emergency exit**

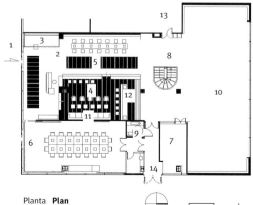

Planta **Plan**

0 2 4

RESTAURANTES EN EL CAMPO RESTAURANTS IN THE COUNTRY

Antojadizas formas definen la escultórica estructura arquitectónica de esta instalación no permanente —su existencia se limita a los meses estivales— situada en el corazón de los encantadores jardines de Kensington, en Londres. Proyectado por el arquitecto Toyo Ito, la construcción está concebida como un espacio multifuncional en el que se celebran eventos y exposiciones y que funciona, además, como cafetería y restaurante. Los contemporáneos trazos del pabellón contrastan armoniosamente con el clásico y bucólico entorno que lo alberga en un atractivo mestizaje estilístico.

El objetivo era crear una liviana estructura geométrica que no dependiera de un sistema de cuadrículas ortogonales. De líneas etéreas, sutiles, racionales, prácticamente impalpables y transparentes, la construcción proyectada parece un gigantesco puzzle en el que todas las piezas que lo componen —generosos paneles de aluminio y de madera contrachapada de diferentes grosores que dan forma a paredes, techos y suelos— encajan a la perfección. Cada fragmento de la estructura funciona como elemento independiente y como parte de un todo al mismo tiempo. El tejado y los muros de la superficie exterior se han revestido con paneles de vidrio templado y aluminio pintado. Las caras de los polígonos están divididas por líneas paralelas unidas por puntos que dibujan y exhiben el contorno sin ocultar el esqueleto.

Los recursos constructivos empleados consiguen, por un lado, crear un interior diáfano y fluido y, por otro, romper las barreras visuales existentes con el exterior. La comunicación entre ambos es constante en algunos rincones, por lo que se crea un sutil juego entre lo visible y lo invisible, entre la idea de ser visto y la de poder observar.

El blanco y el cristal agrandan visualmente el espacio, al mismo tiempo que permiten que la entrada de luz natural sea permanente durante las horas de sol y rebote en el interior inundándolo de luminosidad. El tono neutro del blanco, que baña además de la estructura algunas piezas de mobiliario de diseño contemporáneo, se reparte protagonismo con la frescura y la vitalidad del verde elegido para sillas y los elementos decorativos. Este color no se ha escogido al azar, sino que es el que se repite en las tonalidades del jardín en el que se inserta; de esta forma llega a mimetizarse con la vegetación que lo rodea y con la alfombra de hierba sobre la que descansa la construcción.

The Serpentine Gallery Pavilion

Capricious forms define the sculpture-like architectural structure of this seasonal installation, situated during the summer months in the heart of London's charming Kensington gardens. Designed by architect Toyo Ito, the construction is a multifunctional space in which events and expositions are held. The space also functions as a cafeteria and restaurant. In an attractive meld of styles, the contemporary structural lines of the pavilion provide harmonious contrast to the classical, bucolic setting.

The goal was to create a light geometric structure independent of a system of orthogonal grids. The construction is of ethereal, subtle, rational, practically impalpable and transparent line. It appears as a gigantic puzzle in which all the pieces —large aluminum and plywood panels of different thickness that give rise to walls, ceilings and floors— fit together perfectly. Each fragment of the structure functions as an independent element and a part of the whole, simultaneously. The roof and exterior walls were covered with tempered glass panels and painted aluminum. Parallel lines dividing the polygonal faces are joined by points that trace and expose the structural outline without hiding the framework.

The constructive techniques employed both create an open-layout, fluid interior and break existing visual barriers to the exterior. In certain places the dialogue between interior and exterior is constant. This gives rise to a subtle play between the visible and the invisible, between the idea of being observed and that of observing.

Glass and the color white enlarge the space while at the same time permitting natural light to enter constantly during the day and flood the interior with brilliance. The neutral tone of white, which, in addition to the structure, bathes certain contemporary furniture pieces, shares prominence with the green selected for chairs and decorative elements. This latter color was not selected by chance, as it suggests the verdant tones of the surrounding gardens. In this way it mimics the vegetation encompassing the space and the lawn upon which the construction rests.

Arquitectos: Toyo Ito & Associates Architects

Colaboradores: Arup (estructuras), Robert

McAlpine (constructor)

Fotógrafo: Nácasa & Partners

Ubicación: Londres, Reino Unido

Fecha de construcción: 2002

Superficie: 310 m²

Architects: Toyo Ito & Associates Architects

Collaborators: Arup (structure), Robert

McAlpine (constructor)

Photographer: Nácasa & Partners

Location: London, UK

Completion date: 2002

Floor space: 3,330 sq. ft.

El arquitecto Toyo Ito ha proyectado un pabellón multifuncional cuya arquitectura cabalga entre la tradición japonesa y la más pura contemporaneidad; una estructura vanguardista de trazos ligeros y transparentes que se fusiona con la abrumadora vegetación de un jardín clásico.

Architect Toyo Ito designed a multifunctional pavilion whose architecture blends traditional Japanese with the most contemporary styles. It is a cutting-edge structure whose light transparent lines fuse with the imposing vegetation of a classical garden.

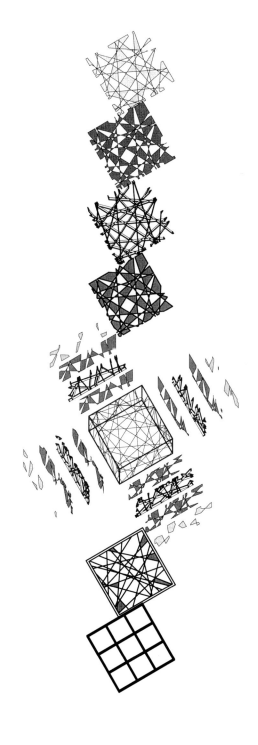

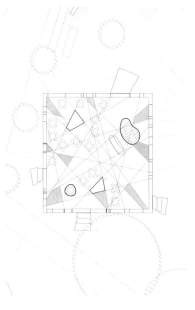

Planta de localización **Location plan**

0   20   40

Planta **Plan**

0   3   6

Desde fuera y al anochecer, la geométrica y delicada estructura resalta en medio de un paisaje bucólico e íntimo gracias a una sugerente y cuidada iluminación que invita a penetrar en su interior.

At night the geometric and delicate structure radiates amidst a bucolic and intimate landscape. This is thanks to suggestive and carefully studied lighting that draws the eye to the interior.

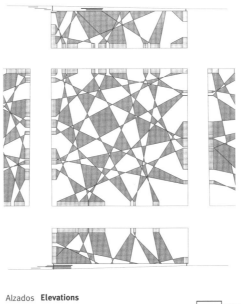

Alzados **Elevations**

0   4   8

Este restaurante está ubicado en Begur, en el jardín de un antiguo palacete colonial de 1866 que fue construido por Bonaventura Caner Bataller a su regreso de Cuba.

Se trata de una casa de dos pisos de gran altura con una fachada principal simétrica compuesta por un zócalo y unas anchas pilastras en las diferentes plantas y una amplia cornisa que sostiene la barandilla de la cubierta. Los elementos estructurales se han decorado con ornamentos de piedra, con piezas dispuestas en la balaustrada y con recipientes cerámicos repartidos por las barandillas de la cubierta, y que representan motivos extraídos de la naturaleza. Se accede desde el jardín a través de una evocadora arcada de piedra y una verja de hierro, y el restaurante se encuentra en la planta baja, donde una parte del jardín ha sido cubierta con una pérgola de hierro y cristal que alía dos intenciones: la de mantenerse resguardado y la de disfrutar de la luz exterior. Para ello, el techo se ha cubierto con un entoldado corredero de loneta que confiere calidez al espacio a la vez que permite el paso de la luz natural. Además, la parte frontal de la pérgola se abre totalmente al jardín dando más ambigüedad a este espacio semiexterior. Uno de los rasgos que aporta mayor encanto es el suelo, ya que se ha conservado el original en el porche –de gravilla– y en el jardín, con un pasillo central de piedra y baldosas de toba, y donde se encontraba el césped se ha recubierto con una tarima de pino natural. Dos columnas circulares presiden el porche recordando las edificaciones típicas indianas, de ellas nacen unas arcadas que se extienden hacia el techo abovedado.

El mobiliario, de estilo colonial, mantiene los tonos térreos del ambiente y armoniza con los muros rojizos y las celosías de madera por las que trepan las enredaderas.

El conjunto es un espacio de gran atractivo que invita a disfrutar de la tranquilidad de esta luminosa terraza.

Aiguaclara

This Begur restaurant sits in the garden of an old colonial mansion built by Bonaventura Caner Bataller, in 1866. In 1845, Caner Bataller, a Begur native, immigrated to Cuba.

The house, a tall two-story home with a symmetrical front façade, consists of a plinth, wide pilasters on the different levels, and a wide cornice that supports the roof railing. The structural elements have been decorated with stone ornaments, arranged pieces in the balustrade, and ceramic containers that dot the roof railing. They represent natural motifs.

Access is made from the garden through an evocative stone arch and an iron gate. The restaurant is on the ground floor where a part of the garden has been covered with an iron-and-glass pergola. This unites two intentions: to provide protection and to benefit from the exterior light. To this end the pergola was covered with an adjustable thin canvas awning that provides warmth while at the same time permitting the passage of natural light. Moreover, the front part of the pergola opens completely to the garden, granting more ambiguity to this semi-exterior space. One of the most charming features of the space is the flooring. The original gravel of the porch and the stone and toba tile of the central passageway of the garden have been preserved. The lawn was covered with natural pine flooring. Two circular columns preside over the porch, recalling typical indianas constructions (Indianos were Spaniards who made good in America). Arches extend from the columns toward the vaulted roof.

The colonial-style furniture maintains the earth tones of the environment and harmonizes with the reddish walls and latticework with climbing plants.

The ensemble is a highly attractive space that invites enjoyment of the tranquility of the bright terrace.

Arquitectos: Norman Sinamon

Colaboradores: Clara Dato y Joan Lluís

Fotógrafo: José Luis Hausmann

Ubicación: Begur, Girona, España

Fecha de construcción: 2001

Architects: Norman Sinamon

Collaborators: Clara Dato and Joan Lluís

Photographer: José Luis Hausmann

Location: Begur, Girona, Spain

Completion date: 2001

Para enfatizar el estilo colonial de la arquitectura de la casa, se han cuidado todos los detalles decorativos, dando lugar a un ambiente de marcado estilo.

Special care was given to decorative details in order to emphasize the colonial-style architecture of the house. This creates an environment with a marked style.

En el interior se han delimitado diferentes zonas para establecer diferentes espacios y ofrecer así mayor intimidad a los comensales; las alfombras también generan espacios íntimos.

Zones have been articulated in the interior to establish different areas and, in this way, offer diners more intimacy. The rugs also establish more intimate spaces.

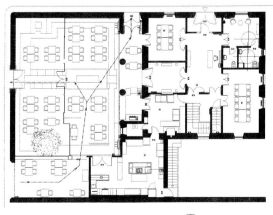

Planta **Plan**

0   2   4

La combinación de luz y de plantas aporta gran calidez al entorno y configura una de las claves de este elegante y sutil ambiente.

The combination of light and vegetation confers much warmth to the setting and is one of the keys to the resulting elegant and subtle environment.

Esta masía catalana consta de tres plantas con patio interior y sótano abovedado; data de 1780 y está ubicada en el Empordà, provincia de Girona. El arquitecto Francesc Ragolta emprendió su restauración con el claro objetivo de conservar la autenticidad del lugar, así como la mayor parte de su estructura original, para adaptarla a las necesidades estructurales de su nueva actividad hostelera.

En la reforma se llevaron a cabo importantes trabajos de recuperación de los materiales primitivos: se repicó la piedra, ya que en muchas zonas había sido recubierta de cemento, y también se derribó uno de los pisos, cuyos materiales se emplearon para reconstruir la planta destinada a sala vip y la escalera que lleva hasta ella. Además, se reforzaron los balcones y los techos, y se utilizó hierro intencionadamente oxidado en la perfilería de puertas y ventanas.

Los arcos exteriores, que en otro tiempo estuvieron destinados a los animales, se han aprovechado para crear pequeños espacios donde los comensales disfrutan de mayor intimidad. El mobiliario es sencillo, pero la decoración de reminiscencias hindúes consigue conformar un ambiente de gran singularidad y de estilo muy personal; sillas de mimbre, mesas de variadas formas y manteles y almohadones de vivos colores conviven en plena armonía. La fusión de estilos de distintas épocas y provenencias dispares se conjugan con la estructura ampurdanesa ya existente. La iluminación contribuye al ambiente cálido del restaurante con sencillas lámparas de papel y tela.

En el conjunto destaca la apacible terraza como un rincón de gran encanto en este rincón catalán de clima mediterráneo en el que el público se puede deleitar con un entorno mágico al aire libre.

La Ola

This Catalan farmhouse consists of three floors with an interior patio and vaulted cellar. Located in Empordà, a province of Girona, it dates from 1780. Architect Francesc Ragolta undertook the restoration with the clear objective of preserving the authenticity of place. The majority of the original structure was left intact in adapting the space to the structural necessities of its new hostelry functions.

The renovation involved extensive restoration of the original materials. In many places the stone had been covered with concrete. It therefore had to be chipped away to remove the covering. One of the floors was torn down and its materials reused to build the level destined for the VIP room and the stairs leading to it. Balconies and ceilings were reinforced; oxidized iron was used for door and window frames.

Exterior structures that in past times had pertained to farm animals were appropriated as small spaces to provide diners with more intimacy. The furniture ensemble is simple but a decoration with Hindu touches creates a unique environment with a very personal style. Wicker chairs, tables of diverse form and vividly colored table clothes and cushions coexist in perfect harmony. The fusion of styles from different eras and disparate origin combine with the preexisting Empordà structure. The lighting arrangement contributes to the warm ambiance of the restaurant with simple paper and cloth lamps.

The project highlights the pleasant terrace as a charming nook where, given the Mediterranean climate, patrons may delight in the magical Catalan setting out of doors.

Arquitectos: Francesc Ragolta

Colaboradores: Marie Josee Prieur (supervisión
de obras), Emili Guillén (ingeniero técnico),
Christophe François (interiorista)

Fotógrafo: Jose Luis Hausmann

Ubicación: Begur, Girona, España

Fecha de construcción: 1997

Superficie: 370 m²/3,978 sq. ft.

Architects: Francesc Ragolta

Collaborators: Marie Josee Prieur (site supervisor),
Emili Guillén (technical engineer), Christophe
François (interior designer)

Photographer: Jose Luis Hausmann

Location: Begur, Girona, Spain

Completion date: 1997

Floor space: 3,978 sq. ft.

La combinación de variados elementos decorativos y una arquitectura reciclada muy local consigue crear este ambiente cálido e íntimo.

The combination of diverse decorative elements with a traditional architectural style creates a warm, intimate environment.

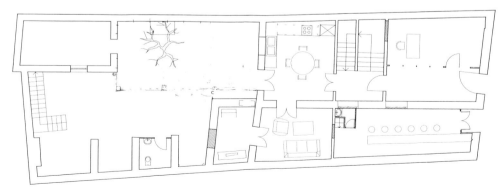

Planta
Plan

0 2 4

Una construcción típicamente menorquina acoge este restaurante que cuenta con numerosas terrazas al aire libre, zona de copas y bar. El equilibrio se consigue al reutilizar materiales y soluciones constructivas características de la isla a la vez que se combinan con una decoración novedosa y acogedora. A esta estética rústica, informal, sencilla y limpia que recorre los espacios hay que sumarle el mestizaje de sabores que se experimenta en su cocina, dominada por platos con aromas étnicos que tienen como base la sabrosa y equilibrada dieta mediterránea.

El restaurante se ubica en una antigua casa de más de 50 años situada en un enclave estratégico y privilegiado. El trabajo de recuperación y rehabilitación no supuso demasiados quebraderos de cabeza, ya que el lugar había sido utilizado con anterioridad como restaurante, hecho que facilitó las tareas de reforma a la hora de recuperar estructuras y distribuir espacios.

Siempre que fue posible se conservó la distribución original, y se mantuvieron curvas, rincones, techos y vigas y se reutilizaron ventanas y chimeneas. Las áreas más deterioradas –como la cocina– se restauraron reproduciendo tonalidades y formas típicas del lugar. Asimismo, elementos como los muros –tanto exteriores como interiores–, las lámparas, los marcos de madera de teca o el tejado –en parte recuperado– se pintaron rescatando la típica rugosidad menorquina. En cambio, en el suelo del interior se empleó un nuevo material, pino de tablón ancho, tratado y envejecido.

Frente a la recuperación de técnicas empleada en la rehabilitación de los interiores, las áreas del exterior –unos 300 m² que en un principio correspondían a una zona de aparcamiento– se proyectaron de manera más innovadora. Este espacio se reconvirtió en generosas terrazas en las que se instalaron dos comedores y una amplia zona de bar. En la decoración se siguió un estilo fresco y mediterráneo en el que el mimbre, las texturas cálidas y los tonos claros, ocres, tierras y lilas pálidos se convierten en protagonistas.

Asimismo, se recuperó, además de algunas piezas de mobiliario originales como mesas, lámparas y sillones, el antiguo jardín, del que se rescataron parterres, palmeras y dos grandes pinos que ahora comparten escenario con una nueva jardinería de arbustos y plantas menores.

Anakena

A typical Majorcan construction houses this restaurant with numerous open-air terraces, a cocktail area and a bar. Materials and building methods characteristic of the island combine with a novel and cozy decoration to balance out the space. The rustic, informal, simple, clean aesthetic of the building spaces mingles with the flavors from the kitchen. Aromatic ethnic dishes based on the sumptuous and balanced Mediterranean diet dominate the menu.

The restaurant, located in a house more than fifty years old, sits in a strategic and privileged enclave. The restoration and renovation work did not involve too many headaches, as the space had previously been utilized as a restaurant. This made the remodeling work easier when it came time to restore structures and distribute space.

Whenever possible, the original layout was preserved. Preexisting curves, corners, ceilings and beams were maintained. Orginal windows and chimneys were recovered. More dilapidated areas such as the kitchen were restored reproducing tones and forms characteristic of the island. The walls, both exterior and interior, the lamps, the teakwood frames and the partly restored ceiling were painted to recover the roughness typical of Majorca. On the other hand new material, wide pine planks used and treated, was utilized for the interior floor.

Unlike the restorative techniques employed in the interior renovation, the restoration of the exterior, some 984 sq. ft. that originally corresponded to a parking lot, was carried out along more innovative lines. The space was converted into generous terraces to contain two dining rooms and a spacious bar area. The decorative style is fresh and Mediterranean. Wicker, warm textures and light, ochre, earth and pale-lilac tones predominate.

In addition to original furniture pieces such as tables, lamps and armchairs, the old garden was salvaged. Recovered flowerbeds, palm trees and two large pines now share the scene with newly planted bushes and smaller vegetation.

Arquitectos: Roser Román Rivas

Fotógrafo: Stella Rotger

Ubicación: Menorca, España

Fecha de construcción: 2002

Superficie: 482 m²

Architects: Roser Román Rivas

Photographer: Stella Rotger

Location: Menorca, Spain

Completion date: 2002

Floor space: 5,180 sq. ft.

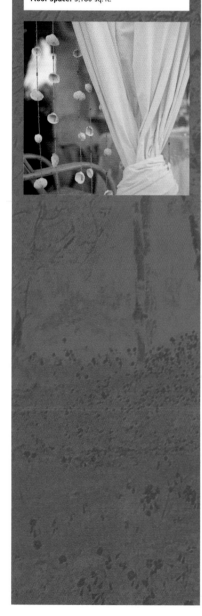

La armonía y calidez que respira el ambiente se consigue al proyectar los espacios con un estilo fresco, mediterráneo y rústico en el que se homenajea a la decoración típica de la zona.

A fresh, Mediterranean rustic design style that pays homage to regional decorative traditions creates an environment that exudes harmony and warmth.

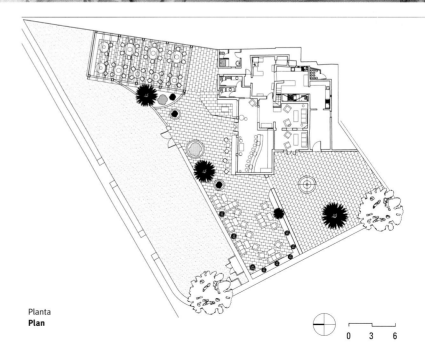

Planta
Plan

0   3   6

Esta casa, construida a finales del siglo XIX, estuvo inicialmente destinada a segunda residencia. Maria Torrontegui Salazar y Pepa Poch mantuvieron en la reconversión su aspecto original de vivienda.

Lo primero que llama la atención al visitante es la simetría de la construcción, tanto en el edificio como en el jardín. Dos chimeneas flanquean la fachada rompiendo la tradicional cubierta a dos aguas, y una inscripción con el nombre de la villa corona el frontón. El material utilizado en toda la edificación es el marés y piedra tosca revocada y pintada de color granate en el exterior. Por unas escaleras de piedra se accede al porche, cubierto con un techo de chapa ondulada y vigas de madera soportado por unas evocadoras columnas de piedra tallada. Esta galería, enmarcada por una balaustrada de piedra, se ha aprovechado para acoger un cálido comedor al aire libre que se ilumina de noche con lámparas industriales de metal. En el jardín se ha dispuesto un bar terraza que no es exclusivo de los clientes del restaurante y que permanece abierto durante los meses de julio y agosto.

En el interior, la casa se divide en tres niveles: la planta baja consta de tres pequeños comedores, un bar, la cocina y los aseos; en el altillo se sitúan los aseos y vestuarios del servicio así como las oficinas, y en el semisótano, una zona de almacén. El interior del restaurante contrasta con el colorido exterior de la casa, con paredes y techos blancos con inscripciones de alimentos en colores térreos. Para realzar esta claridad se han vestido las mesas con mantelerías blancas y se optado por sillas de colores de diseño de Jacobsen. En la terraza, las sillas de tipo director, también de colores. El resultado es un restaurante de campo con mucho encanto donde se puede disfrutar de unas placenteras cenas al aire libre.

Villa Madrid

This house built at the end of the nineteenth century was designed as a second residence. Interior designers Maria Torrontegui Salazar and Pepa Poch remodeled it as a restaurant but kept the original appearance of the building.

The first thing that catches the visitor's attention is the symmetry of the construction, both of the building and the garden. On the façade one observes that two chimneys flank the house, breaking with the image of the traditional gabled roof. Here one may find an inscription containing the name of the villa. The material used throughout the construction is marés stone and stucco which is painted dark crimson on the exterior. Stone steps lead to the porch. It is covered with a corrugated iron roof held up by wooden beams, which in turn are supported by evocative cut-stone columns. This gallery framed by a stone balustrade is used as a warm, open-air dining room and is illuminated at night with metal industrial lamps. In the garden there is a terrace bar open to the general public. This space is open during the months of July and August.

The interior of the house is divided into three floors. The ground floor holds three small dining rooms, a bar, the kitchen and the restrooms. In the attic there are the toilets and dressing rooms for personnel and the offices. The cellar is used as a storeroom. The interior of the restaurant is in contrast with the exterior coloring. The walls and ceilings are white with inscriptions of foods in earth tones. White table linen is used to accentuate this lightness. The furniture ensemble consists of different-colored designer chairs by Jacobsen and for the terrace, on different-colored director-style chairs. The outcome is a country restaurant with much charm where one may enjoy pleasant, outdoor dinners.

Decoradores: Maria Torrontegui Salazar y
Pepa Poch
Fotógrafo: Stella Rotger
Ubicación: Sant Lluís, Menorca, España
Fecha de construcción: 1996-1998

Interior decorators: Maria Torrontegui Salazar
and Pepa Poch
Photographer: Stella Rotger
Location: Sant Lluís, Minorca, Spain
Completion date: 1996-1998

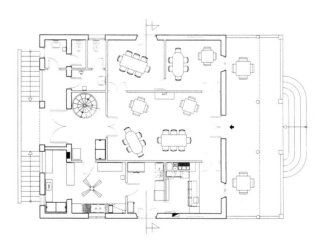

Planta
Plan

0   2   4

Este establecimiento proyectado por Camenzind Grafensteiner forma parte de las instalaciones de la sede central de Siemens en Zurich. El local, que también está abierto al público en general, constituye el restaurante de los trabajadores de la empresa y representa una nueva generación de espacios destinados a satisfacer las necesidades de los trabajadores durante su jornada laboral.

El edificio alberga tres restaurantes y una cafetería, con una capacidad total para 700 personas. El restaurante principal, bautizado con el nombre de Move, cuenta con 350 asientos y funciona como self-service. En un volumen adyacente a este edificio, separado por una partición de cristal y con una entrada independiente, se encuentra el Relax, cuya cabida es de 150 comensales. El First es el más convencional y dispone de una carta de mayor calidad, servicio y una entrada privada con jardín. La cafetería, abierta todo el día, ofrece un espacio interior y de otro al aire libre que puede albergar hasta 150 personas.

Minimalista y de trazos perfectamente definidos, la construcción se ha proyectado como un todo homogéneo longitudinal de una sola planta donde tres secciones se encargan de diferenciar cada uno de los recintos. A través de una precisa superposición e intersección de estos cuerpos se consigue crear un atractivo contraste: potenciar la idea de uniformidad que respira el conjunto y conseguir que cada uno de los locales se resuelva de manera independiente.

Tanto las zonas de entrada como los espacios interiores y exteriores se suceden de manera totalmente natural. La fachada, totalmente acristalada, se abre en uno de los extremos del volumen mediante un sistema de puertas plegables, lo que crea una continuidad visual y una comunicación fluida entre espacios. Este recurso permite, además, que sea posible regular la temperatura y ventilar el edificio de forma natural.

Los materiales, el mobiliario, las combinaciones cromáticas y las texturas empleadas logran unos ambientes vanguardistas y polivalentes.

Restaurant Siemens

This establishment designed by Camenzind Grafensteiner is one of the installations that make up the Siemens headquarters in Zurich. The locale, which is also open to the public, serves as the restaurant for the personnel of the company. It stands as an example of the new generation of spaces designed to satisfy the needs of the employees during the workday.

The building houses three restaurants and a cafeteria and has a total capacity of 700. The main restaurant called Move, seats 350 and is set up as a self-service restaurant. Relax, with seating for 150, is situated in a volume adjacent to this building, and is separated from it by means of a glass partition. It has its own independent entrance. First is the most conventional of the three. It affords a higher-quality menu, table service and its own private entrance with a garden. The cafeteria, which is open all day, affords an interior space and an outdoor one which has a capacity for up to 150 diners.

The construction is minimalist with perfectly defined lines. It is designed as a homogeneous longitudinal whole occupying one floor in which three sections serve to differentiate each zone. The precise superimposition and intersection of these bodies creates an attractive contrast: the strengthening of the idea of uniformity that the ensemble communicates while at the same time each locale is able to manifest itself independently.

The entrance areas, as well as interior and exterior spaces, are laid out in a totally natural way. The all-glass façade opens at one of the extremes of the volume by way of a system of collapsible doors. This creates visual continuity and fluid communication between spaces. This recourse also allows for regulation of the building temperature and natural ventilation.

The materials, furniture, chromatic combinations and textures achieve avant-garde, multi-purpose ambiences.

Arquitectos: Camenzind Gräfensteiner

Fotógrafos: Peter Würmli, Martina Issler

Ubicación: Zurich, Suiza

Fecha de construcción: 2002

Superficie: 11.630 m²

Architects: Camenzind Gräfensteiner

Photographer: Peter Würmli, Martina Issler

Location: Zurich, Switzerland

Completion date: 2002

Floor space: 125,096 sq. ft.

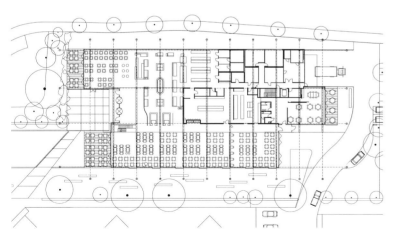

Planta baja **Ground floor**

0   3   6

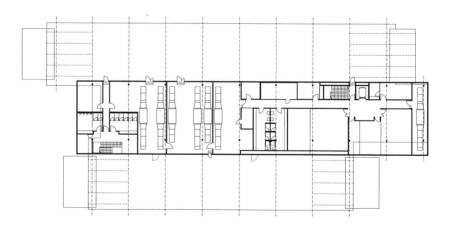

Primer piso **First floor**

Alzados **Elevations**

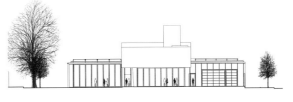

Sección **Section**

En uno de los baños se ha optado por jugar con el contraste cromático, lo que confiere gran vitalidad a este espacio.

In one of the bathrooms a play of chromatic contrast was opted for. This confers great vitality to the space.

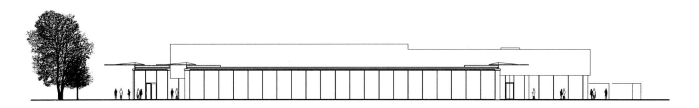

Alzados **Elevations**

Este original restaurante se encuentra junto al Shibuya Ax Concert Hall de Tokio, diseñado también por el estudio Mikan. La idea de los propietarios era ofrecer una nueva opción a los asistentes al auditorio: disfrutar de una comida al aire libre después de una función.

Dado que no estaba permitida la construcción de edificios en el parque donde se ubica el conjunto, los arquitectos idearon una propuesta consistente en agrupar seis volúmenes metálicos cilíndricos dispuestos de forma longitudinal que configuran una zona de planta cuadrada abierta por uno de sus lados hacia el parque.

Cada uno de estos módulos fue considerado de manera independiente, lo que permite diferentes combinaciones. Su estructura prevé dos aleros laterales practicables que le confieren la apariencia de una sofisticada maquinaria. Estas unidades son muy compactas y las dimensiones de su diámetro están supeditadas al tamaño máximo permitido por las leyes japonesas en la construcción de automóviles. Todas las piezas que los componen fueron concluidas en fábrica, y se ensamblaron en su ubicación definitiva en sólo dos días. Después se anclaron al suelo mediante cuerdas y pistones hidráulicos.

El interior se ilumina de forma natural con ventanas circulares que siguen el diseño del conjunto. El mobiliario, en sintonía con el proyecto, es también metálico; sólo la plataforma central es de madera, material que otorga calidez y mantiene el equilibrio con el entorno del parque.

Este trabajo consigue crear el restaurante ideal en un emplazamiento acotado por una estricta normativa legal de edificación sin sacrificar las necesidades del proyecto.

KH-2

Mikan Studio also designed this original restaurant, located next to Shibuya Ax Concert Hall. The idea of the proprietors was to afford concertgoers with a new option: to be able to enjoy a meal in the open air after a performance.

Building construction was not allowed in the park. The idea of the architects was to group together, longitudinally, six cylindrical metal structures in such a way that they would form a rectangular floor plan open to the park on one of its sides.

Different combinations are possible since each module is considered independent. The design includes two side eaves that can be opened up, which grants it the appearance of a sophisticated machine. Each of the units is very compact. The dimensions of the diameter are dictated by the maximum size allowed by Japanese laws regarding the construction of vehicles. All of the parts that make it up are factory-made and were assembled on site in only two days. They were then anchored to the ground with ropes and hydraulic pistons.

In tune with the overall design, there are circular windows that afford natural illumination. The furniture is metal, which also is in keeping with the overall design. Only the central platform is made of wood. This material confers warmth and maintains equilibrium with the surrounding park.

Without renouncing the needs of the project, this work manages to create the ideal restaurant in a setting subject to very strict building regulations.

Arquitectos: Mikan

Colaboradores: Shimizu Kensetsu (contratista)

Fotógrafo: Covi

Ubicación: Tokio, Japón

Fecha de construcción: 1999

Superficie: 97,2 m² (16,2 m² x 6 unidades)

Architects: Mikan

Collaborators: Shimizu Kensetsu (contractor)

Photographer: Covi

Location: Tokyo, Japan

Completion date: 1999

Floor space: 1,045 sq. ft. (174 sq. ft. x 6 units)

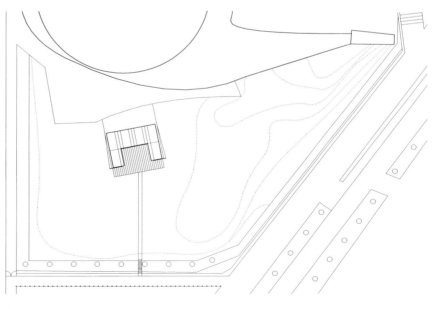

Planta
Plan

0 4 8

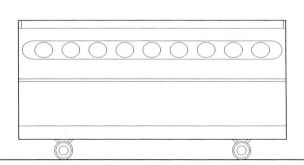

Sección de un módulo
Section of a module

0   1   2

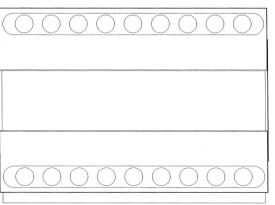

Planta de un módulo
Plan of a module

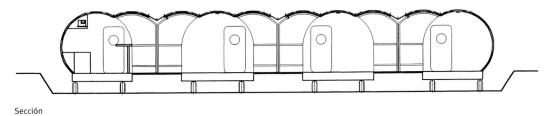

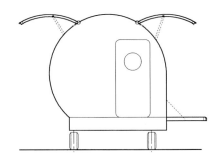

Sección
Section

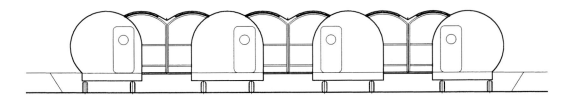

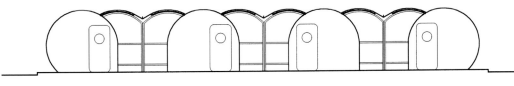

Alzados
Elevations

0 1 2

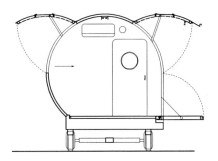

Alzados de un módulo
Elevations of a module

0 1 2

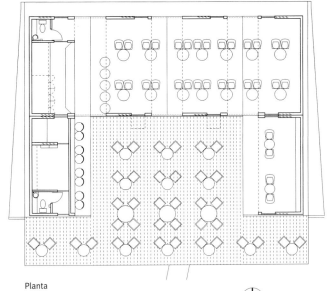

Planta
Plan

0 2 4

En el interior, se experimentan dos sensaciones paradójicas: la de encontrarse en el interior de un vehículo y la de la contemplación del espacio exterior.

In the interior, one experiences two paradoxical sensations: the feeling of being inside a vehicle and, at the same time, of contemplating the exterior space.

Cada uno de los módulos fue
diseñado para que su estructura permitiera disfrutar del
aire libre y del parque que
rodea el restaurante.

**Each of the modules was
designed in such a way that
the structure allows one to
enjoy the open air and the
surrounding park.**

RESTAURANTES EN LA CIUDAD URBAN RESTAURANTS

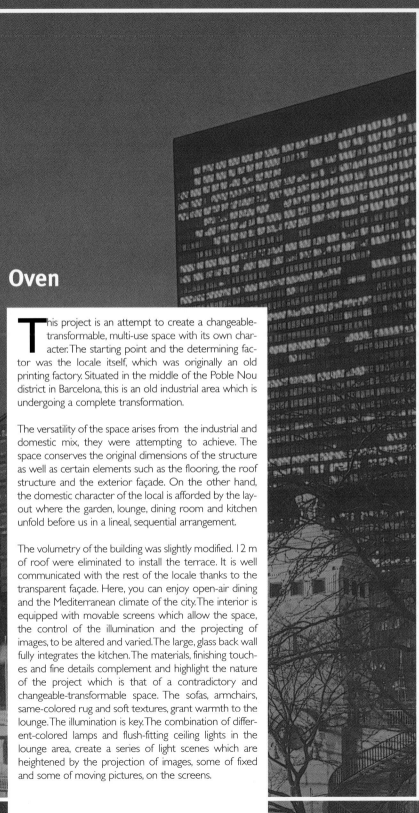

El proyecto parte de una idea en la que participaron socios, arquitectos y diseñadores del local, que pretendía crear un espacio transformable, de múltiples usos, y a la vez con un carácter propio. El punto de partida, y principal condicionante del diseño, es el propio local en donde se ubica, una gran nave industrial que antiguamente acogía una fábrica tipográfica, en pleno barrio del Poble Nou de Barcelona, una antigua zona industrial en plena transformación.

La versatilidad del espacio resulta de la mezcla industrial y doméstica, esencial para lograr la atmósfera que se buscaba. El espacio conserva entonces las proporciones originales de la nave al tiempo que mantiene elementos como el pavimento, la forma de la cubierta y la fachada exterior. Por otro lado, el carácter doméstico está dado por la conformación del local, configurado por una secuencia lineal en la que jardín, salón, comedor y cocina se van sucediendo a lo largo del recorrido.

La volumetría del edificio existente se transformó ligeramente, para crear el jardín se desmontaron doce metros lineales de cubierta en la parte delantera donde se puede disfrutar de una terraza que se relaciona con el resto del local mediante la transparencia de la fachada. Este espacio permite disfrutar de las comidas al aire libre y disfrutando del clima mediterráneo de esta ciudad. En el interior se colocaron pantallas móviles que permiten alterar el espacio, el control de la iluminación o la proyección de imágenes. Al fondo un cristal de gran formato permite la total integración de la cocina, principal protagonista del espacio, con el resto del local. Los materiales, acabados y detalles interiores complementan y remarcan la idea del proyecto como espacio contradictorio y transformable.

En el salón una serie de sofás y pequeños sillones rojos parecen partir de un mismo módulo y se confunden con la alfombra del mismo color, creando un espacio cálido de texturas suaves.

La iluminación juega un papel fundamental en la imagen del local y en sus capacidades de transformación. La combinación de lámparas de color junto con los plafones de la zona del salón crea una serie de situaciones lumínicas reforzadas por las proyecciones, de imagen fija o película, que se reflejan en las pantallas.

Oven

This project is an attempt to create a changeable-transformable, multi-use space with its own character. The starting point and the determining factor was the locale itself, which was originally an old printing factory. Situated in the middle of the Poble Nou district in Barcelona, this is an old industrial area which is undergoing a complete transformation.

The versatility of the space arises from the industrial and domestic mix, they were attempting to achieve. The space conserves the original dimensions of the structure as well as certain elements such as the flooring, the roof structure and the exterior façade. On the other hand, the domestic character of the local is afforded by the layout where the garden, lounge, dining room and kitchen unfold before us in a lineal, sequential arrangement.

The volumetry of the building was slightly modified. 12 m of roof were eliminated to install the terrace. It is well communicated with the rest of the locale thanks to the transparent façade. Here, you can enjoy open-air dining and the Mediterranean climate of the city. The interior is equipped with movable screens which allow the space, the control of the illumination and the projecting of images, to be altered and varied. The large, glass back wall fully integrates the kitchen. The materials, finishing touches and fine details complement and highlight the nature of the project which is that of a contradictory and changeable-transformable space. The sofas, armchairs, same-colored rug and soft textures, grant warmth to the lounge. The illumination is key. The combination of different-colored lamps and flush-fitting ceiling lights in the lounge area, create a series of light scenes which are heightened by the projection of images, some of fixed and some of moving pictures, on the screens.

Arquitectos: 160 BIS Arquitectura + Antoni Arola
(interiorista)

Colaboradores: Pablo Martín (diseño gráfico)

Fotógrafo: Eugeni Pons

Ubicación: Barcelona, España

Fecha de construcción: 2002

Superficie: 600 m²

Architects: 160 BIS Arquitectura + Antoni Arola
(interior designer)

Collaborators: Pablo Martín (graphic designer)

Photographer: Eugeni Pons

Location: Barcelona, Spain

Completion date: 2002

Floor space: 6,451 sq. ft.

Un muro continuo de bloques de hormigón recorre todos los espacios sirviendo como elemento unificador, regulador acústico. Además, retoma el lenguaje industrial que antaño había regido toda esta zona de la ciudad.

A continuous wall made of concrete block runs the entire length of all the spaces. It acts as a unifying element as well as a noise reducer. Likewise, it helps bring to mind the industrial nature which once dominated this area of the city.

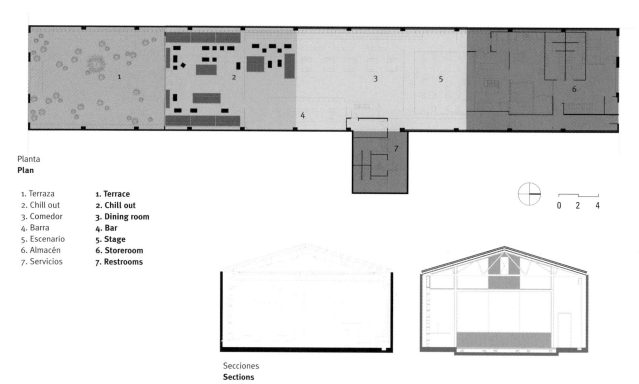

Planta
Plan

1. Terraza
2. Chill out
3. Comedor
4. Barra
5. Escenario
6. Almacén
7. Servicios

1. Terrace
2. Chill out
3. Dining room
4. Bar
5. Stage
6. Storeroom
7. Restrooms

0 2 4

Secciones
Sections

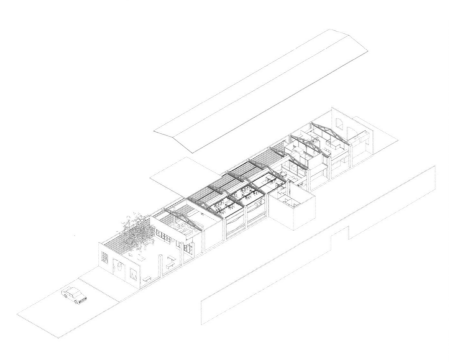

Perspectiva axonométrica
Axonometric perspective

Este restaurante forma parte del hotel The Tides, en Miami Beach, y fue originariamente diseñado por el arquitecto L. Murria Dixon en 1936. Tras varios años en desuso, la remodelación que se llevó a cabo en 1997 redujo las 115 habitaciones iniciales del hotel a 45, con el fin de dar una presencia más elegante tanto al hotel como al restaurante. El vestíbulo y los suelos de terrazo se devolvieron a su estado inicial, y el espacio del restaurante fue rediseñado. Se instaló entonces un nuevo bar, que armoniza con el conjunto del proyecto, aunque con una apariencia marcadamente moderna.

Para recuperar el exterior del edificio se investigó su apariencia original, de modo que fue posible rehacer varias ventanas y rescatar su antigua imagen.

Se accede al edificio por unas amplias escaleras acompañadas por esbeltas barandillas blancas. Las mesas de la terraza se encuentran a ambos lados de la entrada y con sus sombrillas blancas dan la bienvenida al visitante. Dos originales lámparas art-déco flanquean estas majestuosas escaleras.

En el interior destaca la claridad del espacio, tanto por sus paredes y techo como por la gran fuente luminosa de los ventanales. El mobiliario se ha modernizado con sillas y taburetes de diseño contemporáneo, aunque los sillones y las lámparas circulares que iluminan la barra conservan algunos rasgos art-déco. El piano blanco contribuye al ambiente creado y los elementos decorativos son las notas necesarias para mostrar el gran espacio abierto de techos de gran altura con reminiscencias art-déco y espíritu minimalista.

La sencillez y la sobriedad de colores se conjuga con una gran variedad de formas y todo confluye en un estilo muy personal.

1220

This Miami Beach restaurant forms part of the The Tides, a hotel originally designed by architect L. Murria Dixon in 1936. After years of disuse, in 1997 the hotel was remodeled. The original 115 rooms were reduced to 45 with the aim of affording both the hotel and the restaurant greater elegance. The lobby and slate floors were restored while the restaurant space was redesigned. A new bar was installed that harmonizes with the general design despite its markedly modern appearance.

The original appearance of the building was consulted in order to restore the exterior. This made possible the restoration and recovery of the original state of various windows.

Wide stairs with thin white banisters provide access to the building. Along both sides of the entrance are terrace tables fitted out with white sun umbrellas that welcome visitors. Two original art deco lamps flank the august stairs.

The walls, ceiling and ample fount of light in the form of windows call attention to the clarity of the interior space. The furniture arrangement was updated with chairs and stools of contemporary design, while the armchairs and the circular lamps that illuminate the bar retain certain art deco features. The white piano contributes to the ambiance. Decorative elements are key in the presentation of this open, high-ceilinged space that recalls the spirit of art deco as well as minimalism.

Simple, moderate colors blend with a large variety of forms. All come together in a very personal style.

Arquitectos: Staurt & Ilija Mosscrop

Colaboradores: John Pringle

Fotógrafo: Pep Escoda

Ubicación: Miami Beach, Estados Unidos

Fecha de construcción: 1997

Superficie: 105 m²

Architects: Staurt & Ilija Mosscrop

Collaborators: John Pringle

Photographer: Pep Escoda

Location: Miami Beach, US

Completion date: 1997

Floor space: 1,130 sq. ft.

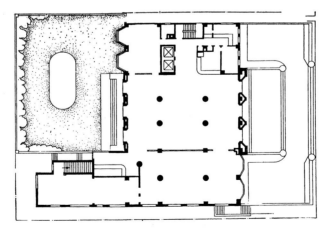

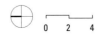

Planta
Plan

0 2 4

La terraza exterior expone el restaurante a los paseantes y desde ella también se puede observar el movimiento de la calle; su elegante sencillez acentúa este juego visual.

The exterior terrace exposes the restaurant to passers by. From the terrace one may also observe movement in the street. Its simple elegance accentuates this visual play.

El interior es de gran luminosidad y con líneas sencillas que dan gran amplitud al espacio.

The interior is very bright. Simple lines confer to the area considerable spaciousness.

El restaurante Beef Place, cuya especialidad es la cocina argentina, se encuentra en un barrio residencial de Madrid. La propuesta debía amoldarse a unos condicionantes previos que determinarían en gran medida su definición final. La intención del arquitecto tenía como límites el entorno urbano del edificio preexistente y la presencia de un arboleda que debía conservarse.

El objetivo que se planteaba era vincular el jardín con el interior del edificio y jugar con la continuidad entre interior y exterior; la imagen del conjunto refleja el continuo intercambio que se produce.

La geometría rectangular del solar se ocupó con un bloque longitudinal organizado en dos plantas, en el primer nivel se sitúa el restaurante y en el piso superior, una vivienda. El zócalo de este prisma, correspondiente al restaurante, se concibe como una caja de cristal vertebrada únicamente por la pieza maciza central, que alberga la cocina.

Mientras que en la planta baja se potencia la idea de un único espacio continuo y fluido, donde existe una relación constante entre el interior y el exterior y donde el jardín pasa a formar parte de la sala del restaurante, la planta superior aparece más cerrada y se ilumina por una línea longitudinal que recorre todo su perímetro. De esta forma, el uso privado aparece más hermético y volcado hacia el interior.

En la estructura se ha utilizado el hormigón armado y se ha cerrado la fachada con un acristalamiento de vidrio laminado con perfilería de aluminio. Estos materiales se aligeran con los acabados interiores, donde se empleó madera para el suelo y pintura plástica en los paramentos verticales. En el techo se instalaron placas de escayola con aislante acústico. También se fabricó para el mobiliario un banco de madera sobre una ménsula metálica.

El resultado de esta disposición de la construcción y de las zonas ajardinadas es un agradable marco para un restaurante cuyo principal atractivo reside en la abertura del espacio hacia el exterior.

Beef Place

Beef Place, specializing in Argentinian cuisine, is located in a residential neighborhood in Madrid. The design had to conform to certain preexisting conditions that to a large extent determined the final outcome. The urban setting of the preexisting building and the presence of a wooded area that needed to be preserved limited the architect´s creative freedom.

The set objective was to connect the garden with the interior of the building and thus play on the resulting exterior-interior continuity. The overall impression is one of constant interchange between the two spaces.

The two-floor longitudinal structure is situated on a rectangular site. The first floor contains the restaurant and the top floor a home. The base of this geometric prism, corresponding to the restaurant, is conceived as a glass box. The solid central piece containing the kitchen serves as the sole structural backbone of the volume.

The spatial arrangement of the upper level contrasts with that of the ground floor, where the idea of a singular continuous fluid space is predominate. On the ground floor there is a constant relation between exterior and interior, wherein the garden becomes part of the dining area. The upper level, however, appears more closed. A longitudinal line running its entire perimeter articulates the space. In this way, private use appears more hermetic and oriented toward the interior.

Reinforced concrete was used for the structure. A laminated glass piece with an aluminum frame was installed in the facade. The interior finishing softens these materials. Wood was used for the floor while plastic paint was utilized for vertical ornamental coverings. Plaster of Paris plates with acoustic insulation were installed in the ceiling. A wood booth atop a metal corbel also was created as part of the furniture arrangement.

The result of the constructive arrangement and the landscaped zones is an agreeable context for a restaurant whose main attraction lies in the opening of the space toward the exterior.

Arquitectos: Miguel Botella

Colaboradores: Estudio CC60, Macarena Carrillo,
Isabel Martín, Teresa Caretti (decoradora), Peter
Bourgignon (paisajista), Federico Alonso (aparejador)

Fotógrafo: Elena Guereta y Pablo Galfre

Ubicación: Madrid, España

Fecha de construcción: 2002

Superficie: 830 m²

Architects: Miguel Botella

Collaborators: Estudio CC60, Macarena Carrillo,
Isabel Martín, Teresa Caretti (interior decorator),
Peter Bourgignon (landscape architect), Federico
Alonso (master builder)

Photographer: Elena Guereta and Pablo Galfre

Location: Madrid, Spain

Completion date: 2002

Floor space: 8,900 sq. ft.

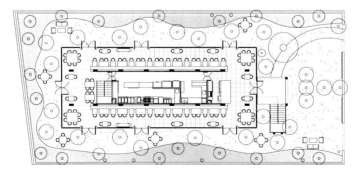

Planta baja
Ground floor

0 2 4

La disposición interior de las mesas se adecuó a la estructura del edificio para aprovechar al máximo la luz natural.

The interior arrangement of the tables is adapted to the building structure, to take maximum advantage of natural light.

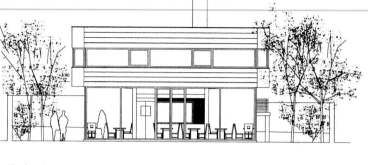

Alzado este
East elevation

0   1   2

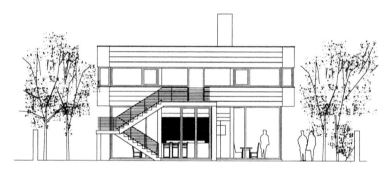

Alzado oeste
West elevation

0   1   2

Alzado norte/sur
North/south elevation

0   2   4

Sección transversal B-B
Cross section B-B

0 1 2

La combinación del cristal, el aluminio y el hormigón concede a este restaurante su especial carácter.

The combination of glass, aluminum and concrete grants this restaurant its special character.

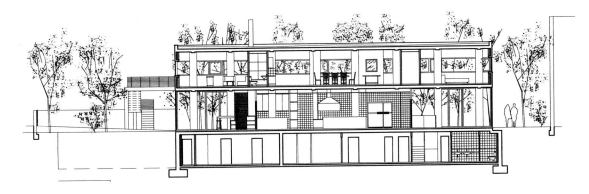

Sección longitudinal A-A
Longitudinal section A-A

0 2 4

Este restaurante fue pensado para disfrutar del espacio arbolado que lo rodea.

Enjoyment of the wooded area that surrounds the restaurant is central to the design of the space.

Este restaurante, ubicado en el barrio parisino del Marais, fue concebido para adaptar la forma de los típicos bares restaurante de París y dar lugar a un nuevo concepto basado en el diseño pero conservando el carisma del edificio, que era una antigua caballeriza. El proyecto que llevaron a cabo J. Arroyo y P. David, del estudio Triskel, pretendía revalorizar el espacio con la aportación de nuevos materiales y de un mobiliario contemporáneo que contribuyera a crear su particular atmósfera. El objetivo al concebir este café restaurante era la búsqueda de un espacio de calidad para procurar calma y serenidad en los momentos de descanso en una ciudad que se mueve a gran velocidad.

La terraza de este pequeño restaurante es una expansión del local hacia la acera, a la vieja usanza de este lugar, donde se aprovecha al máximo el espacio. Un toldo color violeta armoniza con los de los bares de la zona y aporta a su vez un resuelto carácter distintivo. En la fachada se han colocado cuatro estufas de gas que curiosamente penden de la estructura del toldo, de manera que liberan el espacio que suele estar destinado a estos artefactos y confieren una versión original de los braseros que habitualmente templan a los clientes de las terrazas en invierno. Las aberturas de las puertas se han enmarcado con franjas grises que las distinguen del fondo claro del muro, revistiendo de esta forma la fachada lisa con una estética de gran elegancia visual.

En el interior, los decoradores utilizaron para el mobiliario acero inoxidable, madera y el cuero usualmente destinado a las sillas de montar, en remembranza de la antigua utilidad del local. La iluminación contribuye también a crear un ambiente cálido y cobra especial relevancia al alternar diferentes fuentes de luz, tanto murales como encastradas a muros y techos. La sencillez con que se ha tratado el suelo cerámico de gres y los muros de revoque pintado confluyen en una delicada sobriedad destacada por sus materiales nobles.

La decoración del local crea un marco ideal para el tipo de comidas que allí se sirve, tanto platos sencillos y ligeros como cocina tradicional, y para degustar los vinos de su magnífica bodega.

Café Crème

This restaurant in the Parisian neighborhood of Marais was designed as a typical Paris bar-restaurant. In addition, the project seeks a new design-based concept while at the same time preserving the charisma of the building, a former stable. J. Arroyo and P. David from Triskel Studio attempted to give added value to the space by providing new materials and contemporary furniture in order to create a rather unusual atmosphere. They sought to provide a quality space that would afford serenity and calm in moments of rest from a fast-moving city.

The terrace of this small restaurant is an extension of the locale onto the sidewalk, which is customary in this city where maximum use is made of space. A violet awning blends in well with the decor of the bars in the area while at the same time conferring it a distinct character. Four gas heaters are attached to the façade, freeing up space for the tables. This is an original solution for the heaters, customary in outdoor terraces in Paris, used to keep the clientele warm in winter. The door apertures are framed with gray strips that clearly outline them against the light background of the wall. In this way the smooth façade is granted notable visual elegance.

For the interior furniture the interior designers utilized stainless steel, wood and leather, normally used for saddles and thus recalling the origins of the locale. The lighting also contributes to the creation of a warm atmosphere. Noteworthy is how different sources of light are alternated through the use of wall lamps and built-in ceiling and wall lights. The simplicity in the design of the stoneware floors and the painted, plaster walls afford a delicate sobriety, accentuated by the richness of the materials used.

The decoration of the locale is the ideal setting for the type of meals served. Here one may enjoy simple, light dishes as well as traditional cuisine while sampling wines from the magnificent wine cellar.

Arquitectos: Triskel Décorateurs

Fotógrafo: Alejandro Bahamón

Ubicación: París, Francia

Fecha de construcción: 2001

Superficie: 75 m²

Architects: Triskel Décorateurs

Photographer: Alejandro Bahamón

Location: Paris, France

Completion date: 2001

Floor space: 806 sq. ft.

La terraza de este restaurante sigue la tradición de los cafés parisinos y aporta su estilo personal con un marcado diseño que se puede apreciar en las estufas que cuelgan sobre las mesas exteriores.

The terrace of the restaurant follows the tradition of Parisian cafés. It has a personal style and a very distinct design featuring the heaters hanging out over the exterior tables.

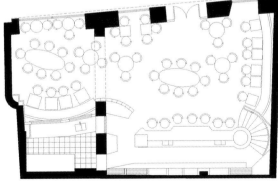

Planta **Plan**

0 1 2

En el interior se han cuidado los detalles decorativos, así como la iluminación que combina con los colores de las paredes y el mobiliario.

In the interior, care was taken with the decorative details and also with the lighting. All of this blends in very well with the colors of the walls and of the furniture.

El Tahini Sushi Bar & Restaurant está inspirado en los jardines japoneses zen, cuya principal aspiración es conseguir una unidad entre la belleza natural y las formas creadas por el hombre, es decir, tal y como apuntaba Günter Nitschke en su libro "El jardín japonés", el objetivo es lograr "una simbiosis estética entre la irregularidad aparente de la naturaleza y el ángulo recto".

De arquitectura minimalista, actual y sobria, el local cuenta con un restaurante, un área de servicios y una terraza. Las dos zonas que albergan las mesas, interior y exterior, se han proyectado de manera muy similar y presentan el mismo tipo de materiales e iluminación. Este tratamiento permite concebir ambos ambientes como uno solo totalmente homogéneo, separados por una pared de cristal.

La organización de ambas zonas se ha resuelto mediante cambios de nivel, a modo de pequeñas islas. Este recurso constructivo permite crear espacios de gran intimidad e independencia. Unas pequeñas pasarelas de madera al estilo de "sawatari-ishi" (piedras para atravesar el pantano), adaptadas a una estética actual, permiten sortear los fosos resultantes, que se han decorado con piedras blancas de río y agua en alusión a los tradicionales jardines orientales.

En los interiores predomina la madera, el granito negro en todas sus variantes —pulido, brillante y mate— y el cristal; y en el exterior, la paleta de materiales incluye, además de la madera, la pizarra, el bambú (en caña y natural) y el agua.

Los materiales elegidos apuntan a una estética natural, rica en texturas y cargada de sensaciones. El resultado consigue unas atmósferas serenas, puras y llenas de sugerentes contrastes.

El empleo de piezas de mobiliario funcionales, discretas y de líneas geométricas acentúan esa idea de sosiego y comodidad. Por otro lado, la iluminación —basada en un juego de claroscuros y resuelta con guirnaldas, luces sumergidas, focos y portavelas de aires japoneses— adorna el espacio, se encarga de respetar la intimidad de los comensales y resalta diferentes elementos decorativos, como las obras de arte que cuelgan de sus paredes, los fosos con piedras, los desniveles, las glorietas de madera del exterior o la barra.

Tahini Sushi

The Japanese Zen garden, the primary aim of which is achieving balance between natural beauty and human-made forms, is the inspiration for Tahini Sushi Bar & Restaurant. As Gunter Nitschke states in his book The Japanese Garden, the goal of the Japanese Zen garden is ìan aesthetic symbiosis between the apparent irregularity of nature and the right angle.î

The structure is of minimalist, current and sober architectural style. It consists of a restaurant, service area and terrace. The exterior and interior dining zones have a similar design and consist of the same materials and lighting arrangement. In this way the environments appear as one homogenous space, separated only by a glass wall.

Level changes that give rise to small islands characterize the spatial distribution of the two zones. This constructive technique makes for very intimate and independent spaces. Small, wooden sawatari-ishi-style footbridges adapted to a contemporary setting, allow the resulting trenches to be crossed. (Sawatari-ishi are stones used to span a watery area.) The footbridges are decorated with white river rock and water in reference to traditional oriental gardens.

Wood, black granite in all its variants (polished, brilliant and matted) and glass predominate in the interiors. The palette of exterior materials includes, in addition to wood, slate, bamboo (cane and natural) and water.

The selected materials emphasize a natural aesthetic, rich in textures and full of sensations. The result is serene pure atmospheres replete with suggestive contrasts.

The use of functional, discreet furniture of geometric line accentuates the notion of tranquility and comfort. The illumination is a chiaroscuro play consisting of string lights, submerged lights, Japanese spotlights and candleholders. The different forms of illumination seek to respect the intimacy of the diners as well as highlight such decorative elements as the works of art hanging on the walls, the stone-filled trenches, the topographical irregularities, the exterior wood pergolas, or the railing.

Arquitectos: Grup Interdec (Joan Font)

Colaboradores: Marilen Mayol, José María Jover

Fotógrafo: Stella Rotger

Ubicación: Puerto Portals, Mallorca, España

Fecha de construcción: 2002

Superficie: 360 m²

Architects: Grup Interdec (Joan Font)

Collaborators: Marilen Mayol, José María Jover

Photographer: Stella Rotger

Location: Puerto Portals, Majorca, Spain

Completion date: 2002

Floor space: 3,870 sq. ft.

Las soluciones constructivas empleadas diluyen las fronteras entre interior y exterior. Visualmente son dos ambientes que conforman un todo homogéneo, fluido y continuo.

The constructive solutions dilute the frontiers between interior and exterior. Visually, the two environments appear as a homogenous fluid continuous whole.

Planta **Plan**

0 2 4

Este restaurante, proyectado por el arquitecto Dale Jones-Evans, goza de gran prestigio en Sydney. Se encuentra ubicado en uno de los iconos arquitectónicos más importantes del siglo XX, la Sydney Opera House, diseñada por el arquitecto danés Jorn Utzon. A la hora de concebir el nuevo establecimiento se tuvieron en cuenta dos aspectos: por un lado, debían respetarse y potenciarse las particulares y contundentes formas que definen el conocido edificio en el que se instala, y, por otro, la idea de introducir, de manera directa y a la vez abstracta, elementos aborígenes en el espacio. Pinceladas originarias y primitivas que se materializan, por ejemplo, en las lámparas creadas por la artista Barbara Weir, en los centros florales o en diversas piezas distribuidas por todo el local y que se convierten en protagonistas de un espacio impecablemente diseñado.

La construcción, que en su momento rompió todas las reglas arquitectónicas por su revolucionaria y audaz concepción, ha marcado el modo de proyectar y definir el restaurante. Los encargados del proyecto no podían pasar por alto la creación de Utzon –a medio camino entre la calidad escultural de Alvar Aalto y las estructuras orgánicas de Frank Lloyd Wright–, toda una invención poética en la que está presente la integridad estructural, la armonía escultural y un eficaz programa basado en la racionalidad. Esta esencia se mantiene y respeta en la organización y definición de las diferentes áreas del local.

La comunicación entre exterior e interior es constante gracias al empleo de particiones verticales y horizontales de vidrio en algunas zonas. La frialdad de este material, así como la de la estructura de acero que lo soporta, se diluye gracias a la calidez que emana de los interiores. Sobrias combinaciones cromáticas que únicamente se rompen con las notas de color de algunos detalles decorativos, una cuidada y sugerente iluminación, un mobiliario discreto y cómodo y una exquisita elegancia son las claves de su éxito.

Sentarse bajo las altísimas costillas que definen la reconocida y magnífica figura de la Opera House y gozar de las impresionantes vistas que desde allí se contemplan es todo un privilegio.

Guillaume at Bennelong Restaurant

This restaurant designed by architect Dale Jones-Evans is one of the most prestigious in Sydney. It is situated, moreover, in the one of the most important architectural icons of the 20th-century: the Sydney Opera House, designed by the Danish architect Jorn Utzon. When it came to designing the new establishment two key elements were kept in mind. On the one hand, it was imperative to respect and draw attention to the unique and striking forms that define the famous building that contains the restaurant. On the other hand, the project sought to introduce aboriginal elements in a direct but, at the same time, abstract way. Indigenous, primitive brushstrokes on lamps created by artist Barbra Weir and the flower arrangements, as well as on the diverse pieces distributed throughout the locale, take on prominence in an impeccably designed space.

The building construction, revolutionary and audacious in its day for having broken all the rules of architecture, determined the design and definition of the restaurant. The architects could not ignore Utzon's creation –somewhere between the sculptural quality of Alvar Aalto and the organic structures of Frank Lloyd Wright–, a poetic invention that embodies structural integrity and structural harmony as well as an efficient plan based on rational precepts. The organization and definition of the different areas of the locale maintain and respect this essential feature.

Communication between the exterior and interior is constant, thanks to the use in certain areas of vertical and horizontal glass partitions. The emanating warmth of interior spaces dilutes the frigidity of this material and the steel structure that supports it. Sober chromatic combinations interrupted only by colorful notes in certain decorative details; meticulous and evocative lighting; discreet, comfortable furniture; and exquisite elegance are the keys to success.

It is a luxury to sit below the giant curved ribs that define the famous and magnificent figure of the Opera House and enjoy the spectacular views.

Arquitectos: Dale Jones-Evans

Fotógrafo: Paul Gosney

Ubicación: Sydney Opera House, Bennelong
Point, Sydney, Australia

Fecha de construcción: 2001-2002

Architects: Dale Jones-Evans

Photographer: Paul Gosney

Location: Sydney Opera House, Bennelong
Point, Sydney, Australia

Completion date: 2001-2002

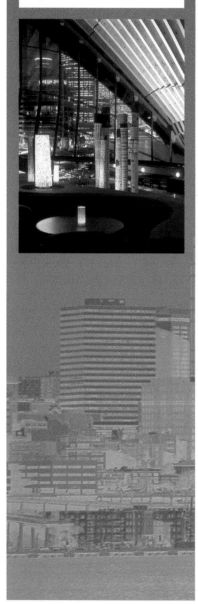

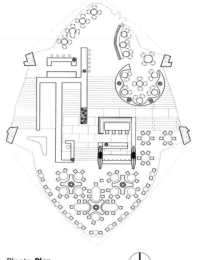

Planta **Plan**

0 2 4

La magnificencia del edificio
se aprecia desde cualquier
rincón del restaurante. Mantener la esencia y el espíritu
original era un requisito
esencial; por ese motivo se
emplea una decoración sose-
gada y una cuidada iluminación que da protagonismo a
las escultóricas formas arquitectónicas que en su día dise-
ñara Jorn Utzon.

**All corners of the restaurant
offer the opportunity to
appreciate the magnificence
of the structure. Maintaining
the essence and spirit of the
original building was imperative. A restrained decoration and meticulous lighting
that gives priority to the
sculptural architectonic
forms designed by Jorn
Utzon, meet this demand.**

Enmarcado dentro del hotel Chelsea, este restaurante antecede al edificio art déco construido en 1936, y que se rehabilitó en el 2001 siguiendo las directrices de las líneas originales. El patio delantero de este hotel se ha adaptado para ofrecer un agradable entorno donde disfrutar del sol de South Beach y de una grata comida.

La decoración del hotel tuvo en cuenta los principios del feng shui y estableció un código común para la diversidad de culturas, religiones, nacionalidades y estilos de vida que se congregan en Miami Beach. La idea de concebir un espacio que inspirara tranquilidad y armonía dio lugar a este restaurante, que se resolvió con un diseño contemporáneo y desenfadado con toques coloniales en el empleo de ciertos materiales y juegos cromáticos. Revaloriza las líneas arquitectónicas de la construcción con un mobiliario actual, funcional y cómodo.

En el patio, pavimentado con baldosas de piedra, se instalaron dos largas mesas de metal perpendiculares a la calle que conforman un camino de acceso al hotel. El mobiliario consta de mesas de metal dispuestas a modo de barra, a cuyo alrededor se han colocado sillas altas del mismo material. Siguiendo el perímetro del patio, unos bancos corridos vestidos con cojines de color malva dan calidez a este espacio exterior. Para resguardarse del sol se han utilizado sombrillas cuadradas de color beige que armonizan con la fachada. Dos lámparas de inspiración minimalista destacan en la entrada y dan la bienvenida al visitante. Los tonos templados de los elementos mobiliarios y decorativos mantienen la sobriedad elegante del conjunto. La estancia se ha resuelto con pocos elementos de gran simplicidad y dando prioridad a las líneas arquitectónicas.

El espacio que resulta es una terraza tranquila donde se puede disfrutar de un entorno verde y soleado, un lugar paradisiaco cercano a la playa y al agitado centro de Southbeach.

Chelsea Restaurant

This restaurant preceded the 1934 erection of the art deco Chelsea Hotel, restored in 2001 with the original lines in mind, that frames it. The front patio of the hotel was adapted as an agreeable setting to enjoy the South Beach sun and the fine food the restaurant has to offer.

The hotel decoration followed the principles of Feng Shui. It established a common code for the diverse cultures, religions, nationalities and styles that converge in Miami Beach. The desire to create a space that inspires tranquility and harmony gave rise to this restaurant of contemporary and uninhibited design with colonial touches in the form of materials and chromatic play. Up-to-date, functional, comfortable furniture calls attention to the architectural lines of the construction.

On the stone-tile patio, two large metal tables were installed perpendicular to the street. The tables form an access way to the hotel. The furniture also consists of metal tables set up like in a bar. Stools of the same material surround them. Sofas with mauve cushions follow the outline of the patio and provide warmth to the exterior area. Square beige parasols that harmonize with the façade provide protection from the sun. Two lamps of minimalist inspiration call attention to the entrance and welcome the visitor. The moderate tones of furniture and decorative elements maintain the elegant sobriety of the ensemble. The lounge was designed with few elements of great simplicity, thus granting priority to the architectural lines.

The resulting space is a tranquil terrace where one may enjoy the verdant and sunny setting: a heavenly corner close to the beach and the vibrant center of South Beach.

Arquitecto: Alan Lieberman

Fotógrafo: Pep Escoda

Ubicación: Miami Beach, Estados Unidos

Fecha de construcción: 2001

Architect: Alan Lieberman

Photographer: Pep Escoda

Location: Miami Beach, US

Completion date: 2001

El espacio exterior se ha vestido con un mobiliario sencillo
que mantiene la atención
sobre la fachada de este distin-
guido edificio.

**The exterior space was fur-
nished with simple furniture
that draws attention to the
façade of this distinguished
building.**

Situado en las inmediaciones de los Campos Elíseos en París, este restaurante fue concebido por Jonathan Amar, quien se ha encargado de enmarcarlo en un espíritu de combinación de estilos entre la fantasía desenfrenada y el refinamiento. El diseño requería suplir la funcionalidad del espacio a lo largo de todo el día, con un programa que preveía los diferentes públicos que podían pasar por él.

La terraza cubierta constituye la sala principal del volumen y la que acoge al visitante al entrar al local. Gracias a la claraboya del techo puede convertirse en un espacio al aire libre cuando el tiempo lo permite, ya que se trata de una estructura corredera metálica con vidrio. Este espacio recibe entonces una gran cantidad de luz natural desde el exterior, que establece una singular relación con el exterior aunque al amparo de la intemperie y del frío invierno parisino. En la decoración de esta sala se optó por tapizar un muro de tafetán y se utilizó un mobiliario de inspiración india diseñado por el propio J. Amar y fabricado en sus talleres de Marruecos con madera oscura y tejidos sedosos. Visten el ambiente los colores anaranjados y violetas, junto a las lámparas multicolor, que aportan una pincelada lúdica y alegre.

En el centro del local se encuentra una gran sala con forma de corazón compuesta de paneles de vidrio luminiscente que difumina una luz que va del naranja al fucsia y que contribuyen, junto con los apliques murales, a crear un alocado y colorido ambiente. La decoración de este restaurante es sorprendente: molduras plateadas, suntuosos mosaicos, frisos geométricos o motivos florales son algunos de los elementos que componen su riqueza de ornamentación. Al fondo del local se encuentra una sala de aires más pop y con líneas futuristas: mesas luminosas, sillas transparentes...

La originalidad de este restaurante está en la variedad de colores y estilos que se ha logrado combinar y en un cuidado minucioso por los detalles. El arquitecto puso especial cuidado en el diseño estructural y decorativo, llegando incluso a ocuparse del mobiliario y de elementos tales como los picaportes de las puertas.

El conjunto es un restaurante bar ambientado para los diferentes clientes y las diversas ocasiones que ha sabido aprovechar la relación del espacio interior con el exterior con una innovadora terraza.

Nirvana

Jonathan Amar designed this Paris restaurant located in the area near the Champs Elysèes. It is characterized by a combination of styles where the architect gives free rein to fantasy while at the same time imbuing the space with considerable refinement. The design had to ensure spatial functionality throughout the day, keeping in mind the diverse character of the clientele that may visit the establishment.

The covered terrace is the main hall of the volume and the one which greets visitors upon entering the locale. The skylight in the ceiling, a sliding structure of metal and glass, allows the space to become an open-air restaurant when the weather permits. As such the space receives large quantities of natural light from both the street and above. In decorating the main hall one wall was covered with taffeta. The furniture is of Hindu inspiration, designed by the architect in his workshops in Morocco using dark wood and silky fabrics. The atmosphere is garnished with purple and orangish colors and, together with the multi-colored lamps, add an entertaining and cheerful touch to the arrangement.

There is a great heart-shaped hall in the center of the locale. It is made of luminescent glass panels which filter light ranging from orange to fuchsia. These panels, together with the wall lamps, help to create a frenzied and colorful atmosphere. Silver moldings, sumptuous mosaics, geometric friezes and floral motifs contribute to the richness of the ornamentaion. At the back of the locale there is a hall with more of a pop air and futuristic slant to it to it. Here one may find elements such as luminous tables or transparent chairs.

The ensemble is a bar-restaurant which affords ambiences for different types of clients and for diverse occasions. It takes maximum advantage of the interior-exterior relationship with an innovative terrace.

Arquitectos: Amar Studio Architecture & Design

Colaboradores: Aude Pichard (diseñadora del mosaico), Fata Morgana (diseñadora del mobiliario)

Fotógrafo: Olivier de Saint Blanquat

Ubicación: París, Francia

Fecha de construcción: 2002

Superficie: 402 m²

Architects: Amar Studio Architecture & Design

Collaborators: Aude Pichard (mosaics designer), Fata Morgana (furniture designer)

Photographer: Olivier de Saint Blanquat

Location: Paris, France

Completion date: 2002

Floor space: 4,322 sq. ft.

La originalidad del restaurante Nirvana y su carácter están marcados por la confrontación creativa de diferentes culturas y épocas, como la asociación de arcos arabescos y mobiliario de los años setenta.

The originality and character of the restaurant are characterized by the creative clash of different cultures and periods in the form of arabesque arches and furniture from the seventies.

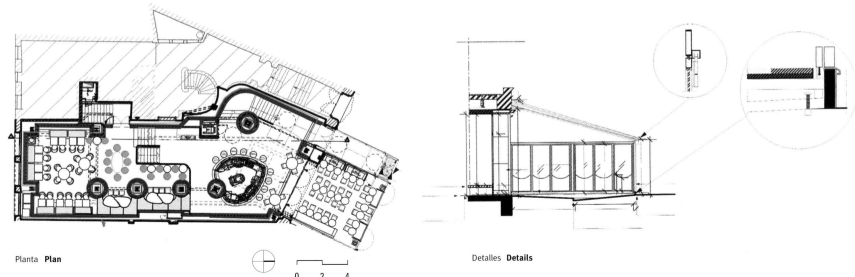

Planta **Plan**

0 2 4

Detalles **Details**

Este bar en forma de corazón marca el ritmo interior de las salas y se compone de paneles luminosos que ofrecen una luz que va del naranja al fucsia.

The heart-shaped bar dictates the atmosphere of the interior halls. It is made up of luminious panels that afford light ranging from orange to fuchsia.

Irremediablemente marcado por el entorno que lo alberga —el frente marítimo de Sydney se encuentra a sus pies— y respondiendo a las exigencias del lugar, esta cafetería restaurante recoge la frescura y el espíritu del mar teñido de sugerentes aires vanguardistas.

El responsable de este establecimiento es el arquitecto Mark Landini, que, como en anteriores encargos, ha puesto su imaginación y su buen hacer arquitectónico al servicio de un proyecto que se define por la ausencia de aspavientos y de superficialidad.

La austeridad y el minimalismo marcan sus interiores, y la ampulosidad decorativa brilla por su ausencia, igual que ocurre con el color. El reconocido arquitecto se mantiene fiel a un estilo que se distingue por una estética simple, moderna y de trazos limpios.

Con el Awaba, Landini captura la luminosidad de Sydney y abre los espacios interiores para que el visitante pueda disfrutar de unas espectaculares vistas del puerto mientras degusta los sabrosos y exquisitos platos de cocina australiana que se ofrecen.

El agua es visible desde prácticamente todos los rincones del local, ya que en las fachadas orientadas al mar se han practicado generosas aberturas rematadas con perfilería de aluminio. Además, allí donde la visión del exterior no alcanza se ha solventado la carencia con un espejo de notables dimensiones.

La manipulación de la luz natural y artificial constituyó un elemento esencial a la hora de diseñar el local, pues goza de especial protagonismo. De día la luz que penetra del exterior rebota en los lisos y brillantes techos pintados, y de noche los interiores se iluminan con todo su esplendor.

Si el tratamiento de la luz es importante, no lo es menos el empleo del blanco, tanto para las estructuras arquitectónicas como para las piezas de mobiliario. Este recurso acentúa la luminosidad, amplía visualmente el espacio y potencia los conceptos minimalistas y contemporáneos bajo los que se ha concebido este singular proyecto.

Awaba

Indelibly marked by its setting, this cafeteria-restaurant with the Sydney waterfront at its feet responds to the demands of place. Tinged with cutting-edge evocativeness, the establishment also captures the serenity and spirit of the sea.

Its creator is the architect Mark Landini. As in previous commissions, Landini has applied imaginativeness and architectural know-how to the realization of a project defined by absence of melodrama and pretension.

Austerity and minimalism mark the interiors; the absence of decorative and chromatic bombast is noteworthy. The renowned architect remains faithful to a style distinguished by simple, modern aesthetics and clean lines.

In this project Landini captures the brilliance of the light of Sydney. Interior spaces are left open so that the visitor can enjoy spectacular views of the port while sampling the tasty and exquisite Australian cuisine.

The sea is visible from practically every corner of the restaurant, as generous windows in aluminum frames were fitted out in the walls facing the water. Where exterior views are unavailable, a large mirror makes up for the lack.

Given its special role in the project, the handling of natural and artificial light was key when it came to designing the establishment. During the day, light from the exterior penetrates the space and bounces off the brilliant, unadorned painted ceilings. At night the interior lighting is radiant.

While the treatment of light is important, the use of white for both architectural structures and furniture pieces is no less so. This technique accentuates brightness, visually extends the space and enhances the minimalist and contemporary ideas upon which this unique project is based.

Arquitectos: Landini Associates

Fotógrafo: Ross Honeysett

Ubicación: Sydney, Australia

Superficie: 128 m²

Architects: Landini Associates

Photographer: Ross Honeysett

Location: Sydney, Australia

Floorspace: 1,400 sq. ft.

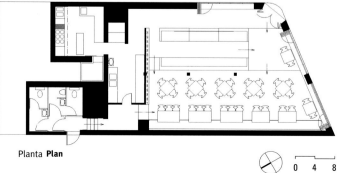

Planta **Plan**

0   4   8

Un gran muro translúcido, que se erige todos los días en el gigantesco menú, se alza en uno de los extremos como división entre el restaurante y la cocina. Además de cumplir la función de una partición vertical, esta luminosa pared es el centro neurálgico a partir del cual se organiza el espacio.

A large translucent wall upon which a giant menu is daily written rises out of one of the extremes of the space to separate the restaurant from the kitchen. In addition to being a vertical partition, this luminous wall is the organizational nerve center of the space.

Este elegante restaurante se inscribe dentro del programa del hotel The Tiffany, concebido por el estudio de arquitectura Beilinson. La edificación fue construida originariamente en 1939 por el arquitecto L. Murria Dixon y forma parte, hoy en día, del conjunto de hoteles históricos de Estados Unidos. La remodelación dio lugar al hotel que actualmente acoge 52 lujosas habitaciones, con piscina en la cubierta del edificio y una vista panorámica del mar.

El restaurante se extiende con su imponente terraza alrededor del edificio aprovechando toda el área exterior. La cuidada zona ajardinada, dotada de una frondosa vegetación, se ha completado con mobiliario, mesas redondas para los espacios circulares y cuadradas para acompañar los rincones más angulares. Las sillas son un modelo clásico de los jardines, y están vestidas con cojines blancos, color empleado también en la mantelería y las sombrillas que resguardan del sol.

En el interior también se percibe la densidad y presencia de vegetación, ya que el espacio está dividido con maceteros que contienen pequeñas palmeras y plantas de interior. La remodelación ha dado lugar a un bar que no existía y que ha servido para reestructurar el volumen, haciendo de las palmeras el centro del emplazamiento. La iluminación natural que llega a través de las ventanas redondas de la fachada y de los cristales esmerilados enfatiza la amplitud del espacio. La decoración se compone en estos ambientes de unos espejos enmarcados con pequeños mosaicos de colores, paredes enteras alicatadas con el mismo estilo de mosaico y muchos detalles fabricados de forma artesanal, como los picaportes diseñados exclusivamente para el lugar.

La remodelación ha permitido una redistribución del local, que cumple con todas sus funciones: bar, restaurante y sala de estar.

Tanto en la atmósfera interior como en la exterior se ha buscado conservar elementos de la arquitectura original, como los suelos de terrazo, que mantienen el estilo heredado por la arquitectura del restaurante.

Wish

This elegant restaurant designed by Beilinson architectural studio forms part of The Tiffany. In 1939, architect L. Murria Dixon built the original edifice, which today counts among the group of historic hotels in the United States. The remodeling took in the hotel, now consisting of 52 luxury rooms with a swimming pool on the roof and a panoramic view of the sea.

The restaurant extends with an imposing terrace around the building, taking advantage of the entire exterior area. The tended landscaped area, which stands out for the luxuriant vegetation, has been complemented with furniture pieces: round tables for circular spaces and square tables for more angular corners. The chairs are a classic garden model and equipped with white cushions. This is also the color used for linens and the sun umbrellas.

In the interior one is also aware of the dense presence of the vegetation. This is due to the flowerpots containing small palm trees and interior plants that divide the space. The remodeling gave rise to a bar. It also served to restructure the volume by making the palm trees the center of the location. Natural light arriving through the round windows and emory-polished glass enhances the spaciousness of the room. The decoration consists of mirrors framed with small colored mosaic, entire walls tiled with this same colored mosaic, and many handcrafted details such as the door handles designed specifically for the establishment.

The remodeling permitted redistribution of the locale, thus fulfilling the functional criteria of bar, restaurant and lounge.

With respect to both interior and exterior atmospheres, preservation of original architectural elements was sought. Slate floors that maintain the inherited architectural style of the restaurant exemplify this.

Arquitectos: Beilinson Architects

Colaborador: Orlando Comas (paisajista)

Fotógrafo: Pep Escoda

Ubicación: Miami Beach, Estados Unidos

Fecha de construcción: 1998

Superficie: 130 m²

Architects: Beilinson Architects

Collaborator: Orlando Comas (landscape architect)

Photographer: Pep Escoda

Location: Miami Beach, US

Completion date: 1998

Floorspace: 1,400 sq. ft.

En el exterior, las sombrillas están provistas de su propia iluminación artificial, lo que independiza cada mesa dentro del espacio en que están acotadas.

In the exterior, sun umbrellas are equipped with their own artificial illumination. This isolates each table within a designated space.

La combinación de luz, vegetación y color son las claves para conseguir el carácter de este espacio, que se conjuga también con las características preexistentes.

Light, vegetation and color combine to form the character of a space that fits together well with preexisting features.

El segundo restaurante que el arquitecto Jean Nouvel proyectó para la Exposición de Morat 2002 es también una construcción efímera, hecho que, unido a las características del entorno en el que se inserta —un espacio despejado en plena naturaleza—, influyeron decisivamente a la hora de concebir y diseñar el edificio.

Se preservó la vegetación de la zona con gran respeto por el paisaje natural que envuelve el edificio, e incluso se aprovecharon algunos de los árboles, a los que se les asignó la función de parasoles. Físicamente, la construcción toma la forma de un volumen lineal de estructura metálica rodeado de terrazas exteriores que vienen delimitadas por un pavimento de listones anchos de madera y están cubiertas por toldos. Un sistema de pilares metálicos y cableado de acero conforma la estructura que sustenta estos toldos de lona.

La visión general del conjunto ofrece la sensación de una gigantesca tienda de campaña, y las zonas exteriores destinadas a restaurante recuerdan a las de los tradicionales merenderos de campo. Esta percepción está apoyada por la iluminación exterior, ya que se han colgado luminarias de los postes que soportan los toldos inspiradas en los tradicionales faroles que se emplean en las construcciones rurales.

Nouvel imaginó el edificio como un conjunto totalmente desmontable. De hecho, la mayor parte de las piezas que lo conforman son prefabricadas y se montaron in situ durante la construcción de la obra. Estos cerramientos son planchas de acero corten —un tratamiento especial con el que se oxida el acero para crear una capa protectora que impide que este material se oxide más—.

El célebre arquitecto francés se debate constantemente entre la dualidad de conceptos encontrados a la hora de crear estas instalaciones. El resultado es un sugerente juego de contrastes en el que los conceptos de abierto-cerrado y dentro-fuera se convierten en los protagonistas del espacio.

La elección de materiales, tonalidades y texturas así como la disposición de los diferentes espacios que conforman el conjunto se encargan de acentuar aún más si cabe esa sensación de estructura perecedera y fugaz. Particularidades que no impiden, a pesar de ese carácter transitorio y temporal que persigue a este espacio, que el lugar respire una sugerente y confortable calidez.

Le Restaurant des Familles

The second restaurant that architect Jean Nouvel designed for the Morat Exposition 2002 is also an ephemeral construction. The structure is inserted into a wide, open outdoor space such that the characteristics of the setting had a decisive influence on the building conception and design.

Out of respect for the natural landscape that surrounds the building, the vegetation of the zone was preserved. In fact, some of the trees were appropriated as sunshades. Physically, the construction takes the form of a linear volume of metallic structure, encircled by exterior terraces shaded by awnings. A surface of wide wood fillets delimits the terraces. A system of steel-wire metal pillars shapes the structure supporting the canvas awnings.

The general impression of the installation is that of a giant tent. The exterior areas pertaining to the restaurant are reminiscent of traditional picnic areas. The exterior illumination enhances this perception: lighting inspired by traditional streetlamps used in rural constructions has been hung from the posts supporting the awnings.

Nouvel conceived of the building as a totally collapsible ensemble. In fact, the majority of the structural pieces is prefabricated and was put together on site. Enclosures are corten cut steel sheets luith special treatment in which steel is made to rust in order to create a protective cover to impede further oxidation.

When creating these installations the celebrated French architect wrestles constantly with the duality of conflicting concepts. The result is a suggestive play of contrasts in which the concepts open-closed and inside-outside convert into the protagonists of the space.

The choice of materials, tones and textures, as well as the layout of the different spaces that comprise the installation, serve to accentuate even more the sensation of a fleeting, perishable structure.

Arquitectos: Architectures Jean Nouvel

Colaboradores: Desvigne & Dalnoky

(paisajismo); EMCH + Berger AG

(ingeniería civil)

Fotógrafo: Philippe Ruault

Ubicación: Morat, Suiza

Fecha de construcción: 2002

Architects: Architectures Jean Nouvel

Collaborators: Desvigne & Dalnoky

(landscaping); EMCH + Berger AG

(civil engineering)

Photographer: Philippe Ruault

Location: Morat, Switzerland

Completion date: 2002

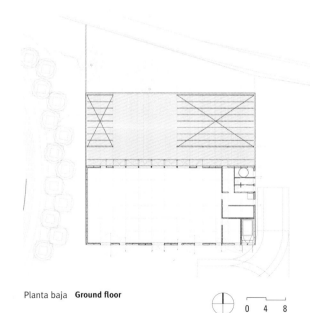

Planta baja **Ground floor**

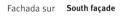

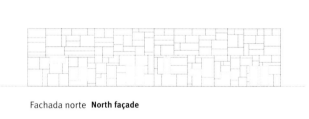

Fachada norte **North façade**

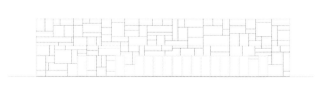

Fachada sur **South façade**

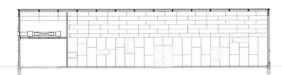

Alzado B-B **Elevation B-B**

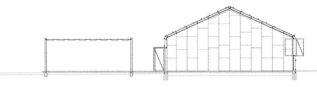

Alzado C-C **Elevation C-C**

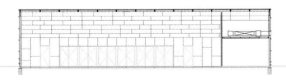

Alzado A-A **Elevation A-A**

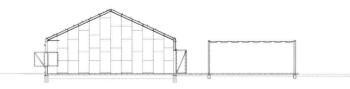

Alzado D-D **Elevation D-D**